KB176989

로마 공화정

첫 단 추 시 리 즈
004

# 로마 공화정

데이비드 M. 귄 지음
신미숙 옮김

# 서문

로마 공화정의 성장과 몰락의 역사는 서양 문명사에서 특별한 위치를 차지한다. 도시 로마는 테베레 강 주변에 있는 일곱 언덕의 주거지에서 소박하게 출발하여, 고대의 지중해 세계 전체를 지배할 정도로 성장했다. 원로원 귀족들의 지휘를 받은 로마 군대는 카르타고 왕국과 알렉산드로스 대왕 사후 휘하 장군들이 세운 국가들을 굴복시켰다. 그리고 동방과 서방의 주변 민족들이 로마의 지배하에 들어왔다. 그러나 공화정의 승리는 동시에 비극의 씨앗이었다. 로마 팽창의 추진력이 그리고 팽창으로 인한 혜택이 사회적·경제적·정치적 위기를 초래했으며, 공화정을 내란의 소용돌이에 빠뜨렸다. 공화정의 제도들은 로마 제국을 지탱하는 데 따르는 압력을 견더내지 못했으며, 결국 아우구스투스가 절대 권력을 장악하게 되었다. 그는 로마 최초의 황제가 되었다.

뒤이은 수세대 동안 로마 공화정은 하나의 모델이 되었고, 영감의 원천이자 멋진 이야깃거리를 제공했다. 로마의 신화, 문학 작품과 예술, 그리고 로마 공화정의 영웅들과 악당들은 끊임없이 사람들의 상상력을 자극했다. 비록 역사 고증의 정확성이 제각각이긴 하지만, 오늘날까지 소설, 영화, 그리고 텔레비전 시리즈물들은 이러한 유산을 계속 이용하고 있다. 로마 공화정의 역사는 다양한 소설만큼이나 흥미롭다. 거기에는 최고의 극적인 순간들이 포함되어 있다. 갈리아인의 로마 침략, 알프스를 넘은 한니발, 루비콘 강가의 율리우스 카이사르(Julius Caesar), 그리고 카이사르 암살의 날(3월 15일, Ides of March)까지. 이러한 사건들과 주인공들은 더 광범한 역사적 맥락에 비추어봐야만 생생하게 살아나게 된다. 바로 이것이 이 책의 목표이다.

제1장에서는 진상을 알 길이 없어 안개 속에 싸인 시기를 통과해 로마의 기원까지를 살펴본다. 로마의 신화들은 로마라는 도시가 건설되는 과정, 왕정이 폐지되기 이전에 로마를 다스린 왕들, 그리고 공화정이 성립되는 과정을 생생히 채색하고 있다. 여기에 어느 정도 진실이 담겨 있느냐는 별개 문제지만, 이 전설들은 로마인들이 자신들의 과거와, 공화정이 탄

생하기까지의 세계를 어떻게 인식하고 있었는지를 보여준다. 이어 제2장은 공화정의 정치 구조가 형성되는 과정, 그리고 로마가 이탈리아 반도에서 지배 세력으로 자리잡는 과정을 이야기한다. 로마 공화정의 독특한 정치체제는 가장 위대한 힘의 원천 중 하나였으며, 이후 수세기 동안 엄청난 경탄을 자아냈다. 그러나 로마의 성장에 있어 정치체제 못지않게 중요한 힘의 원천은 로마 내부에 있었다. 바로 로마의 남성과 여성에게 기대되었던 역할과 그들의 삶을 지배한 사회적·종교적 원칙들이다. 이것이 바로 제3장의 주제이다. 오직 로마인들 자신의 가치관과 신앙을 탐구함으로써 공화정의 극적인 성장과 몰락을 이해할 수 있다.

제4장과 제5장은 로마가 이탈리아의 도시국가에서 제국의 여왕으로 변모하는 과정을 다룬다. 서부 지중해를 장악하기 위해 로마와 카르타고는 세 차례에 걸쳐 장대한 포에니 전쟁을 치렀으며, 이 전쟁이 진행되는 동안 한니발의 천재성조차 카르타고인을 구하지는 못했다. 결국 최후의 승리를 거둔 로마인들은 그리스어를 사용하는 동부 지중해의 복합적인 세계와 조우하게 되었다. 알렉산드로스 대왕을 계승한 국가들에 승리하자 로마인들은 새로운 단계에 오르게 되었다. 로마 사회 곳곳으로 그리스의 영향이 퍼져 나갔다. 그러나 로마의 팽창은 대가를 치르게 되었다. 제6장에서는 이러한 팽창이 공

화정에 끼친 영향과, 공화정 몰락의 시초가 된 기원전 2세기의 위기를 탐구한다.

로마 공화정에는 단순히 정치나 군단의 힘보다는 훨씬 더 많은 요소들이 존재한다. 제7장에서는 로마의 문학과 예술을 다룬다. 여기서는 플라우투스(Plautus), 카툴루스(Catullus), 키케로(Cicero)의 작품들에서 로마의 기념물들까지, 그리고 운명의 날을 맞은 폼페이 시에 보존된 공화정기의 그림과 조각들을 다룬다. 그러나 공화정의 문화가 절정에 다다랐을 때, 공화정은 종말에 이르고 있었다. 제8장에서는 군사 지도자들의 출현을 다룬다. 이들은 공화정을 끊일 새 없는 치열한 내란들 속으로 몰고 갔다. 내란의 승자는 가이우스 율리우스 카이사르였다. 기원전 44년 3월 15일, 카이사르는 암살되었지만 폭력은 더욱 격화될 뿐이었다. 마침내 공화정은 사라졌다. 카이사르의 양자인 아우구스투스 황제가 단독으로 지배하는 로마 제정이 들어서게 되었다. 그러나 제정기에도 여전히 공화정의 유산은 지속되었다.

제9장에서는 로마 제정, 초기 기독교 교회, 마키아벨리와 셰익스피어가 등장했던 르네상스 시대, 그리고 미국과 프랑스의 18세기 혁명에 이르기까지 지속적으로 영향력을 행사했던 로마 공화정의 유산을 추적해본다. 로마 공화정은 오늘날까지도 여전히 우리의 상상력을 자극하고 있으며, 서구 문화

전반에 영향을 주고 있다. 로마 공화정은 지금도 여전히 우리에게 하나의 이상이자 교훈이다.

# 차례

제 1 장

---

# 안개에 싸인
# 과거

전설에 따르면, 로마의 역사는 트로이 멸망에서 시작된
다. 그리스인들이 목마에서 쏟아져 나와 트로이를 함락시키
고 10년에 걸친 전쟁을 끝냈을 때, 트로이의 왕족인 아이네
아스(Aeneas)는 불타는 도시의 마지막 생존자들을 불러모았
다. 그의 지휘 아래 트로이의 망명자들은 처음에는 북아프리
카의 카르타고로, 이어 이탈리아로 항해해갔다. 이탈리아에
서 그들은 라티움 평원에 정착했다. 사실 사랑의 여신 베누스
(Venus)의 아들 아이네아스가 로마를 건국한 것은 아니다. 하
지만 그의 아들 율루스 아스카니우스(Iulus Ascanius)는 라틴인
(라틴어로는 라티니Latini)의 도시인 알바롱가(Alba Longa)의 왕
이자, 율리우스(Julius) 씨족의 선조가 되었다. 그리고 바로 이

율리우스 가문에서 후에 율리우스 카이사르와 아우구스투스 황제가 등장하게 되었다.

아스카니우스의 후손들은 수세대 동안 알바롱가를 통치했다. 그러나 왕의 동생이었던 아물리우스(Amulius)는 현실에 불만을 품고 형인 누미토르(Numitor)를 폐위시키고 권력을 잡았다. 누미토르의 아들들은 처형되었다. 누미토르의 딸 레아 실비아(Rhea Silvia)는 화로의 여신인 베스타(Vesta)에게 바쳐져, 처녀 사제인 베스타 여사제가 되었다. 그러나 여기에 운명의 신이 끼어들었다. 처녀 레아는 겁탈당했고, 쌍둥이 아들을 낳았다. 그녀는 아이들의 아버지가 전쟁의 신인 마르스(Mars)라고 믿었다. 종조부에 의해 테베레(라틴어로 티베리스) 강가에 버려진 쌍둥이 로물루스와 레무스에게 암늑대가 젖을 물렸고, 이를 발견한 왕의 목동이 그들을 데려다 키웠다. 성인이 되자, 쌍둥이 형제는 아물리우스를 몰아내고 자신들의 할아버지에게 지배권을 되찾아주었다. 그러고 나서 자신들이 버려졌던 테베레 강가로 돌아가, 팔라티누스 언덕에 새로운 정착지를 건설했다. 형제의 우애는 경쟁심 때문에 빠르게 곪아갔다. 새로이 건설한 공동체를 누가 이끌어 나갈지를 합의하지 못한 쌍둥이 형제는 폭력으로 문제를 해결하려 했고, 마침내 레무스는 살해되었다. 장차 지중해를 지배할 이 국가는 이러한 유혈 행위로 탄생했다. 전통적인 연대 계산에 의하면

1. 청동 늑대상(아마도 에트루리아에서 기원했을 것이다). 아래쪽 쌍둥이는 15세기에
   교황이 덧붙였다.

기원전 753년에, 로물루스는 새로 건설된 도시에 자기 이름을 붙였고 로마의 첫번째 왕이 되었다.

새로운 공동체는 곧바로 사회적 위기에 직면했다. 자신의 공동체를 성장시키기 위해 로물루스는 노예들, 도망자들, 그리고 부랑자들을 포함해 모든 이들을 환영했다. 로마는 여성이 부족해서 다음 세대를 기약할 수 없었다. 로마인들은 성대한 축제를 열어 인근 부족들을 초청했다. 이들 중 가장 강력한 부족은 사비니인(Sabini)이었다. 약속된 시간이 되자 로마인 남성들이 튀어나와 잡아챌 수 있는 모든 젊은 여성들을 납치해갔다. 사비니인이 반격할 준비를 마쳤을 때, 붙잡혀간 여성들은 이미 로마인의 아내나 어머니가 되어 있었다. 여자들은 양측의 군대를 갈라놓으면서, 아버지들과 남편들에게 화해할 것을 요구했다. '사비니 여인들의 납치' 사건을 계기로 로마 공동체의 미래는 안전해졌으며, 이웃 민족들에 대한 영향력이 커지기 시작했다.

전승 속에서 로물루스는 약 250년간 로마를 통치했던 로마의 일곱 왕들 중 첫번째 왕이었다. 로물루스 자신은 폭풍우가 칠 때 신비롭게 사라져버렸다. 전하는 바에 의하면, 하늘로 올라가 퀴리누스(Quirinus) 신이 되었다. 그의 계승자인 누마 폼필리우스(Numa Pompilius)는 사비니인이었다. 그는 로마의 달력과 로마 종교의 가장 오래된 의례들을 조직한 왕으

로 여겨진다. 이와 대조적으로 세번째 왕 툴루스 호스틸리우
스(Tullus Hostilius)는 전사였다. 그의 치세에 로마인들은 선조
들의 도시인 알바롱가를 파괴했으며, 단지 신전들만이 파괴
를 면했다. 네번째 왕 안쿠스 마르키우스(Ancus Marcius)는 누
마 왕의 손자였으며, 자신의 할아버지와 마찬가지로 공공 종
교의 올바른 운영을 가장 중요하게 생각했다. 그는 또한 전사
였고, 로마가 정당하게 전쟁을 시작할 수 있게 해주는 종교 의
례를 수립하였으며, 주변의 라틴 민족들을 제압했다. 마르키
우스가 죽자 권력은 북쪽의 에트루리아인(라틴어로 에트루스
키) 출신으로, 로마로 온 루키우스 타르퀴니우스 프리스쿠스
(Lucius Tarquinius Priscus)에게 넘어갔다. 그의 치세에 도시 로
마는 특히 중앙에 있는 포룸(Forum) 주변으로 확장되었다. 그
는 포룸 위쪽에 위치한 카피톨리누스 언덕 위에 거대한 유피
테르 신전의 기초를 건설했다. 이러한 도시 건설 사업은 여섯
번째 왕 세르비우스 툴리우스(Servius Tullius) 대에까지 이어
졌다. 타르퀴니우스의 사위인 세르비우스는 로마 주민을 소
집하여 인구조사(센서스)를 실시하였으며, 세르비우스 성벽을
세워 도시의 경계를 규정했다.

일곱번째이자 마지막 왕은 '오만왕 타르퀴니우스'인 루키
우스 타르퀴니우스 수페르부스(Lucius Tarquinius Superbus)였
다. 타르퀴니우스 프리스쿠스의 아들이자 세르비우스의 사위

였던 오만왕 타르퀴니우스는 세르비우스를 죽이고 권력을 잡았다. 그는 독재자로 공포 정치를 행하였고, 왕에게 조언하는 역할을 담당하던 원로원을 무시했다. 아버지의 성격을 이어받은 타르퀴니우스 아들들의 악행 때문에 왕정이 무너지고 공화정이 탄생했다. 로마 시의 교외에서 벌어진 주연에서 왕자들과 손님들은 자기 아내의 덕성을 자랑하기 시작했다. 이들은 누구의 말이 진실인지 판별하기 위해 말을 달려 집으로 돌아갔다. 그때 왕자들은 흥청거리며 사치스럽게 즐기고 있는 자기 아내를 발견했다. 이와 대조적으로 왕자들의 친구인 콜라티누스(Collatinus)의 아내 루크레티아는 여성 미덕의 모범으로서, 시녀들과 함께 실을 짜며 그들을 지도하고 있었다. 그녀의 아름다움은 막내 왕자인 섹스투스 타르퀴니우스(Sextus Tarquinius)의 욕망에 불을 질렀다. 그는 혼자 몰래 그녀의 집으로 돌아가 단검으로 위협하여 루크레티아를 능욕했다. 죄 없는 루크레티아는 자신의 아버지와 남편에게 사실을 말하고 속죄의 의미로 그들 앞에서 자신의 심장을 칼로 찔렀다. 그러자 이에 대응해 칼을 뽑아든 이는, 후일 율리우스 카이사르를 암살한 브루투스의 조상인 루키우스 유니우스 브루투스(Lucius Junius Brutus)였다. 브루투스는 로마 인민을 불러모아 오만왕 타르퀴니우스와 아들들을 추방했다. 기원전 510년에 로마 왕정은 붕괴되었다. 왕은 선거로 뽑힌 두 명의 집정관(consul)으로 대체되었다. 첫번째 집정관은 콜라티누스와 브루투스였다. 이로써 로마 공화정이 성립되었다.

## 신화에서 역사로

고대 로마의 과거에 관한 이러한 전설들 속에는 어떠한 진실이 숨겨져 있을까? 공화정이 건설되기 전, 수세기에 걸친 왕정 시기에 서술된 문헌 사료는 오늘날 전혀 남아 있지 않다. 트로이 왕자 아이네아스의 이야기는 베르길리우스(기원전 70~19)의 작품 『아이네이스Aeneis』를 통해 영원히 사람들의 기억에 남게 되었다. 하지만 이 서사시는 트로이 함락 시기보다 약 1,000년이 지난 후에 쓰였다. 로물루스와 그 계승자들에 관해서 우리에게 가장 소중한 기록은 베르길리우스의 동시대인에 의해 쓰였는데, 이것도 왕들이 통치한 시대로부터 아주 멀리 떨어져 있다. 역사가 리비우스(기원전 59~서기 17)는 142권으로 된 『로마사』를 저술했는데, 그중 제1권을 루크레티아의 능욕과 타르퀴니우스 왕가의 추방으로 끝맺었다. 베르길리우스와 리비우스는 공화정이 최종 붕괴되는 시기를 거쳐 로마의 첫번째 황제 아우구스투스(기원전 31~서기 14)가 등장하는 시기에 살았던 인물들이다. 그들이 왕정이 몰락하기 전 수세기 동안 일어난 일을 정확히 기록했으리라 기대하기는 힘들 것이다.

그러나 이 때문에 로마 관련 전승의 중요성을 부정해서는 안 될 것이다. 후대의 로마인들은 로마 초기를 로마 사회의 구조가 만들어지고 로마를 위대하게 만든 미덕이 나타나게 된 황금시대로 여겼다. 중요한 관례와 관행은 초기 왕들과 연결되었고, 과거의 영웅들은 진정 로마인다운 덕성을 보여주는 모범으로 여겨졌다. 루크레티아는 집안에서 로마 여성의 전형을 확립하고, 생명을 바쳐 자신의 명예를 지킨 여성이었다. 브루투스는 로마를 타르퀴니우스의 독재에서 해방시킨 인물이었다. 이런 전통을 이어받아 그와 같은 이름을 가진 먼 후손은 카이사르의 독재를 무너뜨리려는 음모를 꾸몄다. 이러한 모델들은 단순히 수사학적 이상을 넘어서는 무엇이었다. 이들은 후대 로마의 선남선녀의 행동에 영향을 끼쳤으며, 로마인들이 자신들이 어디에서 비롯되었는지를 상상할 때 지침이 되어주었다. 안개에 싸인 저 먼 과거에서 비롯된 이야기들은 비록 로마의 역사적 기원을 밝혀주지는 못한다 할지라도, 로마 공화정을 이해하는 데 결정적인 기록이라 할 것이다.

신뢰할 만한 사료들이 없기 때문에, 초기 로마를 연구하는 현대의 역사가들은 다른 형태의 근거를 찾아야 한다. 우리는 최초의 로마인들을 자연적·문화적 배경 속에서 탐구해야 할 것이다. 로마는 이탈리아 서부 해안의 중간쯤에 있는 비옥한 라티움 평원에 자리잡고 있다. 이탈리아 지리의 특징을 규정하는 것은 북쪽의 알프스 산맥과 포(Po) 강 계곡, 그리고 이탈리아를 위에서 아래로 관통하는 척추의 역할을 하는 아펜니노 산맥이다. 아펜니노 산맥은 서부보다는 동부 해안 가까이에 있고, 동쪽이 더 가파르기 때문에 중부 이탈리아에서 비옥한 토양 대부분은 서쪽에 있다. 라티움 평원은 조밀한 농업 인구를 부양할 수 있었다. 하지만 그 땅에 사는 이들은 아펜니노 산맥에 웅크린 산악 부족들의 침략을 막아야 했는데, 로마 초기 역사에서 가장 눈에 띄는 이들은 삼니움(Samnium)인이었다.

인도–유럽어족에 속하는 이탈리아인 가운데 라틴인은 기원전 1500~1000년경에 라티움 평원을 차지했다. 일찍이 이곳에 도달한 이들에게 로마는 정착하기에 적당한 곳이었다. 고리 모양을 이루는 일곱 언덕은 방어하기 용이했으며, 가까이에 티베리나(Tiberina) 섬이 있어 테베레 강을 건너기 가장 쉬운 지점이었다. 북쪽에는 에트루리아 지역이 있는데, 여기에는 기원전 900년경 에트루리아인들이 정착했다. 남쪽에는 기원전 750년부터 그리스 세계의 식민자들이 건설한 많은 도시들이 있었다. 여기에는 시칠리아 섬의 시라쿠사, 나폴리(라틴어로 네아폴리스) 등이 포함되었는데, 이 그리스 도시들 때문에 남부 이탈리아는 마그나 그라이키아('대大그리스')라는 이름을 갖게 되었다. 이탈리아 중서부에 위치한 라티움은 에트

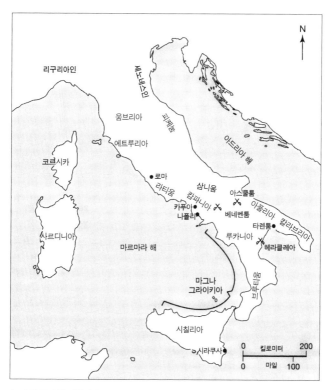

1. 초기 로마와 이탈리아.

루리아와 마그나 그라이키아의 자연스러운 지상 연결 통로였다. 이러한 문화 교류를 통해 초기 로마는 커다란 영향을 받게 되었다.

고고학자들은 청동기시대(기원전 1000년 이전)에 로마 주변에 사람이 살고 있었음을 밝혀냈다. 기원전 8세기 철기시대의 오두막들을 통해 팔라티누스 언덕 위에 최초로 의미 있는 거주지가 형성되었음을 확인할 수 있으며, 이는 전통적으로 받아들여진 기원전 753년이라는 건국 연대가 우리 생각보다 정확할 수 있음을 시사한다. 기원전 7세기에 팔라티누스 언덕에 형성된 이 최초의 정착지는 다른 언덕들 위에 형성된 정착지들과 연합하였으며, 이제 로마는 도시의 면모를 갖추기 시작했다. 이러한 결정적 발전의 원인들은 문헌 기록에 단지 암시되어 있을 뿐이다. 로마에는 전설상의 일곱 왕들이 있는데, 놀라운 점은 후기 왕들 중 2명의 이름, 즉 루키우스 타르퀴니우스 프리스쿠스와 루키우스 타르퀴니우스 수페르부스의 이름이 라틴어가 아니라 에트루리아어라는 것이다. 아마도 여기저기 흩어져 있던 언덕 위의 거주지들이 한데 모여 로마 시로 변모한 것은 에트루리아인의 지배하에 일어난 일인 듯하다.

에트루리아인은 누구인가? 이는 학자들이 수세기 동안 논쟁해왔던 문제이다. 그들의 기원은 알려져 있지 않다. 그러나 에트루리아인은 로마의 북서쪽, 오늘날 토스카나라 불리는 곳에 적어도 기원전 900년경에는 정착했다. 혹은 일찍이 기원전 1200년경에 정착했을 수도 있다. 수천 개의 에트루리아 비문들이 발견되었으나, 애석하게도 해독할 수가 없었다. 왜냐하면 에트루리아인은 인도-유럽어족이 아니고, 오늘날에는 유사한 언어가 남아 있지 않기 때문이다. 에트루리아 문화에 대한 우리의 지식은 고고학적 발견으로 얻고 있는데, 주요 유적으로는 그곳 도시들 주변에 있는 공들여 만든 네크로폴리스(죽은 자들의 도시)를 들 수 있다. 화려한 무덤 벽화들은 향연, 춤, 운동경기를 묘사하고 있는데, 여기에는 에트루리아 장례 의식의 일부였던 검투 경기도 포함되어 있다. 오늘날 전해지는 에트루리아 예술과 수공예품은 그리스의 영향을 폭넓게 받았음을 보여준다. 이들 에트루리아인을 통해 그리스 문화가 로마에 들어온 것이다.

초기 로마에 대한 에트루리아의 영향은 막대했다. 로마(=루마)라는 이름 자체가 에트루리아어일 가능성이 있으며, 기원전 6세기에 등장한 도시 로마는 에트루리아의 패턴을 따랐다. 도시의 심장부인 카피톨리누스 언덕 위에 로마 최대의 신전이 세워졌으며, 이것은 주요 3신, 즉 유피테르, 유노, 그리고 미네르바에게 바쳐졌다. 로마 전승에 따르면 이 신전은 에트루리아 출신의 왕 루키우스 타르퀴니우스 프리스쿠스가 세웠으며, 카피톨리누스 언덕의 3신은 에트루리아의 신성한 3신,

즉 티니(Tini), 우니(Uni), 그리고 멘브라(Menvra)를 연상하게 한다. 로마의 도시 설계는 에트루리아 도시들의 전형인 격자 형식을 모방하였으며, 가옥들은 에트루리아의 모범을 따랐다. 즉 아트리움이 트리클리니움(연회실)으로 이어져 있으며, 트리클리니움의 문은 침실 구역으로 이어졌다. 에트루리아의 건축 설계 또한 로마에 흔적을 남겼다. 수도교, 교량, 하수 시설, 그리고 아치와 아치형 둥근 천장은 모두 에트루리아의 특징이며, 후일 로마 건축의 특징이 되었다.

에트루리아의 영향은 로마의 물리적 외양에만 한정돼 있지 않다. 로마의 전승이 인정하고 있는 바와 같이, 로마의 수많은 종교 관례들이 에트루리아인으로부터 유래했으며, 여기에는 희생물이 된 짐승의 내장을 조사하여 신의 뜻을 알아보는 점술이 포함된다. 후일 로마에서 큰 인기를 끌었던 검투 경기는 에트루리아의 장례식 경기로부터 발전했을 가능성이 높다. 로마 공화정은 권위의 상징에 있어서도 에트루리아에 빚지고 있다. 리비우스에 따르면, 로마의 상급 행정관들이 입는 옷인 '토가 프라이텍스타(toga praetexta: 자주색의 넓은 테두리를 두른 하얀 토가)'와 행정관들이 직무를 수행하는 동안 앉는 '셀라 쿠룰리스(sella curulis: 행정관의 의자)'는 에트루리아인들에게서 비롯됐다. '파스케스(fasces: 도끼를 둘러싸 묶은 막대기 다발)'는 본래 에트루리아 왕을 모시고 다니던 수행원이자 경호원이었던 12명의 릭토르(lictor)들이 운반하던 것으로, 공화정기에는 이와 동일한 영예가 2명의 집정관에게 부여되었다.

기원전 6세기 말에 에트루리아인은 북부와 중부 이탈리아에서 지배 세력이 되었다. 에트루리아의 영향이 막대했음에도 불구하고, 로마는 결코 에트루리아인의 도시가 되지 않았다. 로마인들은 자기 정체성을 잃지 않으면서 맞닥뜨리는 사람들의 힘을 흡수하고 응용하는 천재적 재능을 지니고 있었으며, 이는 그들의 역사에서 되풀이해서 나타났다. 에트루리아인은, 수세기 후에 그리스인들이 그러했던 것처럼, 로마 문화에 커다란 공헌을 했으나 결국 로마의 지배하에 들어갔다. 왕이 추방됨으로써 (에트루리아의 영향력이 완전히 사라진 것은 아니었지만) 로마의 정치적 독립이 재확인되었으며, 로마는 점진적으로 세력을 확장하기 시작했다. 이제 형태를 갖추어가는 로마 공화정은 전적으로 로마인의 독특한 창조물이었다.

제 2 장

공화정이
형태를 갖추다

　　로마 공화정은 하루아침에 등장한 것이 아니다. 기원전 510년 타르퀴니우스 수페르부스의 추방은 위대한 로마로 나아가는 길고 구불구불한 여정의 첫걸음일 뿐이었다. 공화정 성립에 이은 몇 세기 동안 로마는 안팎으로 격렬하게 충돌했다. 이러한 호된 시련을 통해 공화정은 단련되었다. 로마는 점차 이탈리아의 대부분을 정복하고, 더욱더 먼 지역으로 영역을 확대하기 시작했다. 공화정의 독특한 정치, 사회 구조가 형성됨에 따라, 로마는 고대 세계의 사람들이 결코 알지 못했던 강력한 세력을 형성했다.

　　공화정이 형성되는 시기에 대한 우리의 지식은 전설적인 왕정기보다는 훨씬 많지만 충분하진 않다. 왕정이 몰락한 시기부터, 중부와 남부 이탈리아에서 로마가 패권을 장악하는 계기가 된 피로스 왕과 벌인 전쟁(기원전 280~275년) 사이에는 약 200년 이상의 시차가 있다. 이 시기에 관해 리비우스의 『로마사』가 전해주는 끊임없는 전쟁과 내부 갈등의 이야기는 다소 혼란스럽다. 하지만 리비우스 이전에 쓰인 기록들은 갈리아인들이 기원전 387년 로마를 약탈했을 때 소실돼버렸다. 그럼에도 불구하고 핵심 줄거리는 비교적 분명하다. 기원전 510년에서 기원전 275년 사이에 로마는 이탈리아 반도에서 지배 세력이 되었다. 그리하여 이탈리아 반도의 주민은 북쪽의 에트루리아인부터 남쪽의 그리스인들까지 하나로 통합되었다. 이들은 계속 확장되던 동맹의 그물망을 형성하였고, 로마의 성공에 결정적인 역할을 했다. 로마의 외적 팽창은 로마 내부의 발전과 분리할 수 없이 얽혀 있다. 같은 시기에 로마의 사회와 정치는 전통적으로 '신분 투쟁'이라 알려진 일련의 위기를 통해 변형되었다. 기원전 3세기 초에 신분 투쟁은 종식되었다. 이로써 공화정은 독특한 구조를 형성했고, 이는 '원로원과 로마 인민(senatus populusque Romanus, SPQR)'의 집단지도체제로 규정되었다.

## 이탈리아 반도 정복

로마인은 에트루리아인 왕들 치하에서 처음으로 주변의 라틴인에게 권위를 행사했다. 그러나 왕정이 무너지자, 미성숙한 초기 공화정 체제에 반발하는 움직임이 나타났다. 라틴인의 도시들이 연합하여 라틴 동맹을 형성하였고, 추방된 타르퀴니우스 왕가가 라틴 동맹의 연합군을 이끌었다. 기원전 5세기 초, 아마도 기원전 499년 혹은 496년에 로마인들은 투스쿨룸 근처에 있는 레길루스(Regillus) 호수에서 라틴 동맹군과 맞섰다. 전투는 격렬했다. 전설에 따르면, 로마의 승리는 쌍둥이 신인 디오스쿠로이(Dioscuroi : 이들은 트로이의 헬레네의 쌍둥이 형제인 카스토르와 폴룩스이다) 덕이었다. 이들은 젊은 기병의 모습으로 나타나 로마 군대를 불러모았다. 이 승리로 인해 로마 공화정은 이웃 민족들에 대해 군사적 우위를 확립했으며, 이는 라티움 지역 통일의 기초가 되었다.

레길루스 호수의 전투 이후 약 두 세기 동안 라틴인과 맺은 동맹은 로마가 세력을 성장시키는 데 중요한 발판이 되었다. 로마의 동맹국이 된 라틴 도시는 세공을 납부하지는 않았지만, 일정 수의 병사들을 제공하여 로마 장군의 지휘 아래 로마군에 복무하게 해야 했다. 라틴인은 전쟁에서 획득한 전리품 중에서 일정한 몫을 차지할 권리가 있었으며, 외부 세력의 침략을 받을 경우 로마의 보호를 보장받았다. 또한 라틴 동맹국들은 로마 사회에 매우 긴밀하게 통합되었다. 로마인과 라틴인은 쌍방을 법적으로 구속하는 유효한 경제 계약을 체결할 수 있었으며, 서로 혼인할 수 있었고, 아이들은 적출로 인정받았다.

로마-라틴 동맹이 고대의 기준에 비추어 얼마나 혁명적이었는지를 충분히 전달하기는 어렵다. 동시대의 고대 그리스 세계에는 지극히 독립적이고 각자의 권리를 지키기에 급급한 개별 도시국가들이 자리잡았다. 이러한 견지에서 보면, 공화정과 라틴 동맹국들의 관계는 놀라울 정도로 정교한 것이었다. 라틴인 덕에 로마가 활용할 수 있는 인구 기반과 군사력은 눈부시게 확대, 강화되었다. 그리하여 로마는 아테네나 스파르타 같은 그리스의 폴리스들이 결코 이룩할 수 없는 방식으로 일개 도시국가의 한계를 뛰어넘을 수 있었다. 로마가 제공한 특권들은 매력적이었으며, 로마의 우위는 강압보다는 합의에 기반을 두었다. 그러므로 이후 수세기 동안 라틴 동맹국들은 팽창의 압력과 한니발의 이탈리아 침입에도 불구하고 대체로 충성을 유지했다. 로마가 동맹국들에게 재정적 공물을 요구하지 않았기 때문에, 로마의 우위는 동맹국의 병력이 소집되는 전쟁 시기에만 확인되었다. 이러한 우위를 주장하고 동맹국 보호 약속을 이행하기 위해서도 로마는 공화정 기간 내내 공세를 지속할 필요가 있었다.

라틴 동맹국들이 도왔음에도 불구하고, 공화정 초기에 라티움 지역 너머로 로마의 권위를 확장하기란 어려운 일이었다. 한 세기 동안 투쟁한 끝에 로마는 중부 이탈리아에서 점진적으로 우위를 점해가고 있었다. 그때 재난이 덮쳤다. (전통적인 연대에 따르면) 기원전 390년에, 아니 좀더 정확하게는 기원전 387년에 갈리아인이 북쪽으로부터 휩쓸고 내려왔다. 갈리아인은 에트루리아를 통과하고 나서 로마 군대를 격파하고 로마에 도달했다. 도시 전체가 침략자들의 수중에 넘어갔다. 카피톨리누스 언덕만이 침략자들의 점령을 모면했고, 이곳에서 마지막 방어자들이 끝까지 저항했다. 로마가 점령당한 사건은, 서기 410년에 알라리크가 이끄는 고트족이 기독교화된 로마에 침공해올 때까지 약 800년 동안 결코 일어나지 않을 사건이었다.

갈리아인의 로마 약탈은 로마 초기 역사에서 가장 유명한 사건들 중 하나이며, 이 재난의 이야기는 이후 전설로 바뀌었다. 리비우스가 전하는 이야기에 따르면, 몇몇 연로한 원로원 의원들은 자신들의 집에 마치 동상처럼 꼿꼿하게 앉아 있었다. 그들의 위엄에 위축된 갈리아인 병사가 한 원로원 의원의 수염을 건드렸다. 원로원 의원은 상아 지팡이로 이 야만인의 머리를 후려쳤다. 결국 원로원 의원들은 앉아 있던 자리에서 모두 학살되었다. 카피톨리누스 성채만이 갈리아인의 야간 기습을 피할 수 있었는데, 유노 여신의 신성한 거위들이 요란하게 울면서 경고를 해주었기 때문이다. 그때 원로원에서는 로마 시를 포기할 것인가를 두고 토론을 벌이고 있었다. 그런데 근처에서 한 백인대장이 병사들에게 "그냥 여기 있는 것이 좋겠다"고 이야기하는 소리가 들려왔다. 이 목소리는 신의 뜻을 암시하는 예고로 받아들여졌다.

사실 갈리아인의 로마 약탈이 지닌 중요성은 확실히 과장되어 있다. 이 재난은 의심할 바 없이 심리적 효과를 발휘했으며, 갈리아인에 대한 로마의 증오는 300년 이후 카이사르의 『갈리아 전기』에도 여전히 명백히 드러나 있다. 그러나 고고학 연구에 따르면 당시 파괴의 흔적은 그리 크지 않으며, 갈리아인의 약탈에도 불구하고 로마의 세력은 별로 약화되지 않았다. 공화정은 신속히 회복되었으며, 이후의 침략에 대비하여 세르비우스 성벽을 축조해 로마를 방어했다. 세르비우스라는 명칭은 여섯번째 왕 세르비우스 툴리우스의 이름을 따서 훗날 붙여진 것이다. 그뒤 기원전 4세기의 나머지 기간에 로마의 팽창 활동은 계속되었다. 특히 남부 이탈리아가 표적이었다. 여기서 로마인들은 이탈리아 반도 최대의 경쟁자를 만났으니 바로 삼니움인이었다.

삼니움인은 아펜니노 산맥에 자리잡은 거친 산악 민족이었는데, 기원전 5세기에 캄파니아 평원으로 이동해 당시 에트루리아인의 도시였던 카푸아(Capua)를 점령했다. 로마가 남쪽에 있는 캄파니아 방향으로 팽창하자 긴장이 조성되었고, 세번에 걸쳐 로마-삼니움 전쟁이 발발했다. 첫번째 전쟁(기원전 343~341년)은 사소한 전초전에 불과했지만, 중요한 결과를 초래했다. 기원전 338년에 카푸아가 로마와 조약을 체결한 것이다. 이는 라티움 지역 너머로 로마의 동맹국 네트워크가 확장되었음을 의미하지만, 이들은 라틴인과는 다른 권리를 제공받았다. 카푸아를 비롯한 동맹국들은 라틴인과 마찬가지로 로마의 보호를 받고, 전리품을 분배받는 대가로 군병력을 제공해야만 했다. 거기에 더해 해마다 일정액의 세공을 지불해야 했으며, 시민의 특권을 더 적게 허용받았다. 이 동맹의 체결로 로마는 더 많은 자원을 확보할 수 있는 토대를 쌓았고 더 많은 병력을 확보했다. 하지만 동맹국들에 가한 규제들로 인해 긴장이 조성되었으며, 이는 공화정의 마지막 세기에 전쟁으로 폭발하게 되었다.

로마와 삼니움의 경쟁은 제2차 삼니움 전쟁(기원전 327~304년)에서 정점에 다다랐다. 로마는 공격에 나섰으나 기원전 321년 카우디네 협곡(Caudine Forks, 라틴어로는 Furculae Caudinae)에서 치욕적으로 패배했다. 로마군은 항복의 표시로 창으로 만든 멍에의 상징 아래로 행진해야만 했다. 그러나 패배는 공화정의 결의만 단단히 굳혔을 뿐이다. 결국 로마가 성공한 비

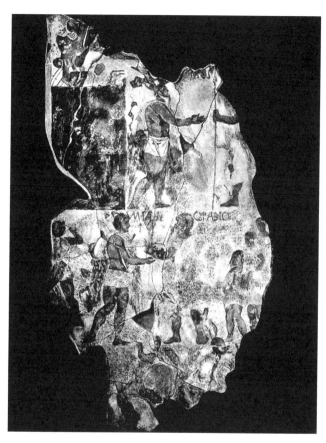

2. 에스퀼리누스 언덕에 있는 역사적으로 중요한 무덤 벽화의 단편. 로마의 장군 파비
   우스가 삼니움인의 지휘관 판니우스를 맞이하는 장면을 묘사하고 있다.

결은 단지 군사력에만 있었던 것은 아니다. 오히려 운명에 대한 확신, 그리고 패배를 인정하지 않는 로마인들의 집념이 훨씬 더 중요한 듯하다. 로마는 병력을 재편성하고, 보복을 가하기 위해 되돌아왔다. 이같은 방식은 차후 여러 차례 반복될 터였다. 삼니움인은 단독으로는 로마에 맞설 수 없었기 때문에 갈리아인, 에트루리아인, 그리고 이탈리아 반도의 여타 세력과 연합하여 로마의 지배권 확대를 저지하기 위한 최후의 전투를 감행했다. 기원전 295년 센티눔(Sentinum) 전투에서 로마와 동맹국들은 삼니움과 그 연합군을 분쇄했다. 이로써 로마 공화정은 이탈리아 반도 최강의 세력임이 확증되었다.

로마 공화정이 이탈리아 반도를 정복하는 과정에서 대면한 마지막 적은 매우 색다른 도전을 제기했다. 남부 이탈리아로 팽창하게 되자 로마인들은 마그나 그라이키아(Magna Graecia : 이탈리아 서남부 해안에 정착한 그리스인의 도시들)의 그리스 도시들과 매우 긴밀한 관계를 맺었다. 이 도시들 중 일부는 로마와의 동맹을 환영했으나, 타렌툼(Tarentum)은 긴장 관계가 조성되자 로마를 격퇴하기 위해 동방에 지원을 요청했다. 기원전 280년 타렌툼의 호소에 답한 사람은 에페이로스(Epeiros : 오늘날의 알바니아 지역에 있던 도시국가)의 왕 피로스였다. 피로스는 기원전 323년 알렉산드로스 대왕이 사망한 이후, 그리스어를 사용하는 동부 지중해 지역을 다스리던 수많은 왕들 중 한 명이다. 야심가이자 경험이 풍부한 군인이었던 피로스 왕은 2만 명의 보병과 3,000명의 기병, 그리고 로마가 이전에 결코 부딪힌 적 없는 약 20마리의 코끼리 부대로 구성된 강력한 군대를 이끌고 이탈리아로 건너왔다.

피로스의 정예 부대는 이전에 로마가 경험한 어떤 군대보다 우월했다. 처음의 두 전투, 즉 기원전 280년의 헤라클레아(Heraclea) 전투와 기원전 279년의 아스쿨룸(Asculum) 전투에서 로마인은 심각한 패배를 당했다. 그러나 피로스의 이러한 승리는 값비싼 대가를 치렀다. 특히 아스쿨룸 전투에서 엘리트 보병대의 상당수가 전사하자, 피로스는 침울한 어조로 이렇게 말했다. "로마인들에게 또다시 이런 식으로 이긴다면, 우리는 완전히 망하고 말 거야." 로마가 격렬하게 저항하자, 피로스는 시칠리아(라틴어로 시킬리아)로 후퇴했다. 기원전 275년 이탈리아로 돌아왔으나, 결국 베네벤툼(Beneventum)에서 로마군에 패배했다. 피로스는 이탈리아를 포기했고(이후 피로스는 그리스에서 아르고스를 공격할 때, 한 늙은 여인이 던진 기왓장에 머리를 맞아 사망했다), 타렌툼은 항복했다. 기원전 270년 무렵 마그나 그라이키아의 모든 도시들은 로마의 동맹에 편입되었다. 로마는 이탈리아 반도의 여왕으로서 독보적 지위를 차지하게 되었다.

## 원로원과 로마 인민

로마가 이탈리아에서 팽창해가는 동안, 공화정의 사회, 정치 구조는 계속 발전했다. 왕정이 몰락한 후, 로마를 지배하는 귀족 계층은 처음에는 파트리키(patricii: 혈통 귀족을 의미하며 patres, 즉 '아버지들'이라는 뜻이다)로 알려진 특정한 대가문들로 제한되었다. 클라우디우스 가문, 율리우스 가문, 그리고 코르넬리우스 가문 같은 파트리키 가문에 속한 구성원들만이 종교적 직책이나 정치적 직책을 보유할 수 있었다. 파트리키가 아닌 모든 로마 시민은 플레브스(plebs: 평민)로 분류되었다. 플레브스에는 가난한 시민들이 포함되었지만, 그렇다고 플레브스가 '가난한 사람들'을, 파트리키가 '부유한 사람들'을 의미하지는 않았다. 일부 부유한 평민들은 여느 혈통 귀족만큼이나 많은 토지를 소유했다. 하지만 혈통 귀족 출신이 아니기 때문에 공직에서 배제되었다. 그러다보니 혈통 귀족과 평민 사이에 어쩔 수 없이 긴장이 빚어졌다. 최초의 분쟁은 혈통 귀족의 착취에 대한 반발로 비롯되었다. 또한 시간이 지나면서 부유한 평민들은 정치권력에 있어서 동등한 몫을 요구하며 이를 관철하기 위해 광범한 평민 집단을 소집했다. 사회적·정치적 권리 확보를 위한 평민들의 기나긴 투쟁은 신분 투쟁으로 알려지게 되었다.

우리가 가진 사료의 연대를 믿을 수 있다면, 공화정이 탄생한 지 채 20년이 못 되어 신분 투쟁이 시작되었다. 기원전 494년에는 혈통 귀족이 빚을 진 평민을 다루는 것에 대한 이의가 제기되었다. 공화정이 동원하는 병력의 대부분은 가난한 평민이었다. 그들은 군복무를 하는 동안, 생계의 근원인 농장을 유지하고자 노력했지만 많은 이들이 혈통 귀족들에게 빚을 지게 되었다. 그들은 빚 때문에 채권자들에게 혹사당하고, 심지어 노예로 전락하기기까지 했다. 혈통 귀족들이 로마 정치를 장악하고 있었으므로, 평민들은 기존 체제 내에서는 도움을 받을 수가 없었고 결국 파업을 조직했다. 기원전 494년 군대가 소집되었을 때, 평민들은 소집에 응하지 않고 대신 로마 외곽에 모여 혈통 귀족들이 모종의 대표권을 줄 때까지 움직이기를 거부했다. 이것이 첫번째 '평민들의 철수(Secession of the Plebs)'이다. 결국 물러설 수밖에 없었던 혈통 귀족들은 평민들만의 민회인 평민회(Concilium Plebis)를 소집할 수 있게 하고 평민의 권리를 보호해줄 대표자인 호민관을 선출할 권한을 주었다.

두번째 불꽃은 혈통 귀족이 법을 장악하고 있었기 때문에 점화되었다. 초기 로마에는 성문법이 없었다. 재판에 관한 문제는 관습적인 불문법에 의해 결정되었고, 이를 보존하고 심판하는 이들은 혈통 귀족이었다. 이러한 관습법 때문에, 호민관이 평민을 보호하고 있음에도 불구하고 평민들은 채무 노예 제도와 같은 혈통 귀족의 착취에 무방비로 노출되었다. 기원전 450년경에 혈통 귀족의 자의적인 사법권에 대한 반발이 일어나, 로마 최초의 성문법인 12표법이 만들어졌다. 그리하여 평민들은 적어도 법을 알 수 있게 되었고, 그들의 입지는 점차 강화되었다. 기원전 4세기 말경, 채무 때문에 로마 시민을 노예화하는 행위가 법으로 금지되었다. 그리고 모든 시민은 행정관의 결정에 맞서 '인민에 항소할 수 있는 권리(provocatio ad populum)'를 지니게 되었다. 이러한 과정은 기원전 287년 호르텐시우스 법(Lex Hortensia)에서 정점에 달했는데, 이를 통해 평민회의 '결의'는 혈통 귀족을 포함한 전 주민을 구속할 수 있는 '법'이 되었다.

그러므로 신분 투쟁 과정을 통해 로마 인민은 어느 정도 보호권을 획득하고, 다소간 국가 행정에도 참여할 수 있게 되었다. 그러나 부유한 평민들은 여기에 만족하지 않고 더 큰 역할을 요구했으며, 혈통 귀족이 권력 있는 직위를 독점하고 있는 현실에 반기를 들었다. 혈통 귀족은 또다시 양보해야 했다. 한 세기 이상 충돌을 거듭한 후, 기원전 367년에 평민이 집정관(consul)에 입후보할 자격을 허용하는 법이 통과되었다. 첫번째 평민 집정관은 366년에 선출되었다. 기원전 342년부터는 2명의 집정관 중 1명은 반드시 평민이어야 했다. 결국에는 평민들도 거의 모든 정치적·종교적 직책을 맡을 수 있게 되었다. 혈통 귀족과 평민 사이에 출생에 의한 차이는 여전히 존재했지만, 공화정의 지배 계층은 확대되었다. 혈통 귀족 출신과 평민 출신을 포함하는 새로운 귀족층이 형성되었던 것이다. 기원전 3세기 초에는 이렇게 결합된 새로운 귀족 계층이 확고하게 자리잡았다. 이제 로마 공화정의 독특한 통치 구조를 이루는 세 가지 핵심 요소들이 확립되었다. 바로 행정관, 원로원, 그리고 민회였다.

행정관은 매년 선출되는 관리들로서, 정부의 일상 업무를 수행했다. 무엇보다 중요한 행정관은 2명의 집정관이었는데, 이들은 과거에 왕이 행사하던 명령권(imperium)을 보유했다. 2명의 현직 집정관은 국가의 정치적·군사적 수장이었다. 그들은 원로원을 주재하고, 필요한 경우 법안을 발의했으며, 전장에서 군대를 지휘했다. 집정관 직은 대개 로마 귀족 경력의 정점이었으며, 로마의 달력에서는 이 최고 행정관들의 이름이 곧 한 해의 명칭이 되었다. 타르퀴니우스 수페르부스를 추방한 원인이 된, 독재에 대한 증오심은 여전히 강력했다. 2명의 집정관을 선출한 이유는, 한 사람이 너무 강한 권력을 갖는 사태를 방지하기 위해서였으며, 집정관의 임기는 단 1년으로 제한되었다.

집정관 아래에 여타 행정관들이 있었는데, 이들 또한 매년 새로 선출되었다. 중요 관직들은 법무관(praetor), 조영관

(aedilis), 재무관(quaestor), 그리고 호민관(tribune of the plebs)
이었다. 집정관을 제외한다면, 법무관은 명령권을 보유하고,
전장에서 군대를 지휘하며, 또 원로원을 주재할 권리를 가진
유일한 행정관이었다. 법무관의 권위는 집정관에 비해 약했
다. 법무관의 주요 역할은 시민을, 또 후일에는 속주민을 재판
하는 것이었다. 법무관 아래에는 조영관이 있었는데, 이들은
도로, 상수도, 식량, 그리고 경기 개최를 포함하여 로마 시의
유지를 책임지고 있었다. 가장 젊은 행정관은 재정과 사법에
관한 의무를 졌던 재무관이었다. 이들 세 행정관의 정확한 역
할과 인원은 시간이 지남에 따라 늘어났는데, 로마의 세력이
확장되면서 국가가 감당해야 할 일도 늘었기 때문이다.

    호민관은 다른 행정관들과는 다소 달랐다. 호민관이라는
직책은 기원전 494년 첫번째 '평민들의 철수' 이후에 생겨났
으며, 본래는 부유한 평민에게 개방된 유일한 관직이었다. 해
마다 10명의 호민관이 선출되었으며, 이들은 혈통 귀족 출신
행정관들의 부당한 행위를 막아 평민들을 보호해야 했다. 이
러한 이유로 호민관은 막강한 힘을 지니고 있었는데, 예컨대
호민관의 권리에는 행정관에게 체포된 시민을 돕기 위해 개
입할 권리, 다른 행정관의 결정에 거부권을 행사할 권리, 그리
고 평민회에서 법안을 제안할 권리가 포함되었다. 이론상 호
민관은 신성불가침의 존재였지만, 이러한 권리가 급진 정책

을 수행하는 모든 호민관을 보호하지는 못했다. 그중 가장 유명한 예는 기원전 2세기의 그라쿠스 형제였다.

다소 색다른 직책은 감찰관(censor) 직이었다. 2명의 감찰관은 대략 5년마다 선출되었다. 그러나 임무를 수행할 때만 직책을 보유했고, 기한은 결코 18개월을 넘지 않았다. 그들의 주요한 임무는 시민의 명부를 재작성하고, 그들의 재산을 평가하고 도덕성을 감찰하는 것이었다. 여기에는 원로원을 심사하는 임무도 포함되었는데, 원로원에 새로운 구성원을 등록시킬 수 있었고, 부적절한 행위를 한 혐의가 발견되면 기존 구성원을 제명할 수도 있었다. 그러므로 감찰관은 영예로운 관직이었으며, 거의 언제나 전직 집정관이 담당했다. 공화정기에 가장 엄격하기로 이름난 감찰관은 기원전 184년에 해당 직위를 보유하였던 대(大)카토(Marcus Porcius Cato the Elder, '감찰관 카토'로도 불린다)였다. 그는 감찰관으로서, 로마의 전통적인 행동 방식을 조롱하고 있다고 지목된 사람들을 원로원에서 몰아냈다. 어떤 원로원 의원은 한낮에 딸이 보고 있는 상태에서 아내를 포옹했다는 이유로 원로원에서 제명되었다.

이러한 관직들은 '관직의 사다리(cursus honorum)'를 형성했다. 이는 지도적인 로마의 귀족이 거치게 될 관직의 단계를 말한다. 보통의 경력을 쌓을 경우, 남자는 재무관으로 첫번째 행정관 직을 맡게 되는데, 이는 대개 최저 제한 연령인 28

3. 이른바 '도미티우스 아헤노바르부스의 제단'(실제로는 조각상의 기단부이다)의 호구조사 장면. 기원전 1세기 초.

세 무렵이다. 그다음에는 조영관이나 호민관이 되고, 이어 법무관으로 선출되기 위해 노력한다. 충분한 명성을 쌓으면, 다음으로 집정관 직을 갈망하게 되고, 그후에는 감찰관이 될 수도 있다. 한 관직을 마치고 다른 관직을 맡으려면 2년의 간격이 필요했다. 기원전 1세기에는 중요 관직에 취임할 연령이 정해졌는데, 법무관이 되려면 39세, 집정관이 되려면 42세를 넘어야 했다. 그러나 이러한 요건이 항상 지켜진 것은 아니었다. 엘리트들 사이에서 관직 경쟁은 치열했으며, 탁월한 개인들은 여러 차례 기존 규정에 도전했다. 그러나 공화정의 마지막 세기에 와서야 비로소 최고 관직들을 압도하고 공화정 체제의 근간을 흔들 정도로 막강한 권력을 가진 개인들이 등장했다.

공화정의 모든 행정관들에게는 몇 가지 특징이 있었다. 이는 개인의 권력을 억제하려는 로마인의 소망을 반영한다. 관직은 선거를 통해 얻을 수 있었고, 제한된 기간에 1명이나 1명 이상의 동료 행정관들과 함께 직위를 보유했다. 이러한 원칙에 몇몇 예외가 있었다. 임기가 끝나갈 무렵, 집정관이나 법무관은 필요할 경우 명령권 연장이 허용되었다. 이들은 대행 집정관(pro-consul)이나 대행 법무관(pro-praetor)이 되었는데, 기원전 1세기 무렵에는 이렇게 연장된 지위가 일반화되었다. 또다른 예외는 독재관(dictator)의 지위였다. 공화정 치하 로마인들은 전제 권력에 적개심을 품었으나, 단일한 지도자가 필요한 경우도 있음을 인정했다. 그에 따라 그러한 비상 시기에 국가를 감독할 더 우월한 명령권을 지닌 독재관이 임명되었다. 독재관의 임기는 6개월을 넘을 수 없었으며, 위기가 해소되면 6개월 이전에도 종료되었다. 후일 율리우스 카이사르가 보유한 '종신 독재관 직'은 로마인들의 눈에는 명백히 모순이었고, 카이사르 살해 사건의 주요 원인이 되었다.

행정관들은 공화정의 일상 행정을 집행할 뿐 아니라, 정치적·군사적 지휘권을 책임지는 역할을 수행했다. 그러나 초기 공화정에서 진정한 정치적 힘은 행정관 개인들이 아니라 원로원의 집단적 권위에서 나왔다. 로마의 귀족은 성년이 된 후 단지 짧은 기간만 공직을 보유했다. 1년 단위로 행정관을 선출하는 전통 때문에 공직자들은 충분한 경험을 쌓을 수 없었고, 때로 이것은 약점으로 드러났다. 특히 집정관 직위의 장군들이 피로스나 한니발 같은 전문 군인들과 맞붙었을 때 더욱 그러했다. 그러므로 행정관들은 원로원의 지도에 따르는 것이 상례였다. 원로원은 왕들에게 조언하던 귀족협의회에서 발전한 제도였다. 행정관 자신이 원로원의 일부였으며, 통상 임기를 마친 후에는 원로원 의원의 역할을 다시 수행했다. 중요한 결정 사항들은 항상 원로원에서 먼저 토의했으며, 원로원은 특별히 대외 정책, 민사 행정, 그리고 재정을 감독했다.

공화정 정부의 진정한 기초는 바로 원로원이었다.

원로원이 제안한 결정 사항들은 공화정 체제의 세번째 요소라 할 수 있는 민회가 확인해야 했다. 민회는 법률을 승인하고, 1년 임기의 모든 행정관을 선출했다. 로마에는 몇 가지 서로 다른 형태의 민회가 있었지만, 그중 가장 중요한 두 가지는 켄투리아 회(Comitia Centuriata)와 평민회(Concilium Plebis)였다. 켄투리아 회는 집정관과 법무관을 선출했고, 전쟁을 선포했다. 평민회는 호민관들을 선출했고, 호민관들이 제안한 의결 사항을 통과시켰다. 이러한 민회들은 이론상으로는 최고권력을 가지고 있었지만, 실제로는 원로원의 지도를 따랐다. 민회를 소집한 행정관은 이미 원로원에서 토의된 문제들만을 민회에 제안했으며, 민회는 거의 항상 원로원의 결정을 승인했다. 이것은 통치에 있어 모든 시민의 발언권은 인정해주지만, 실제 통제권은 귀족이 장악한 고도로 세련된 체제였다. 원로원과 로마 인민이 공화정을 통치했으나, 확실히 우위에 있던 쪽은 원로원이었다.

공화정 체제는 로마인의 독특한 창조물이었다. 로마 인민은 어떤 의미에서 최고 권력을 손에 쥐었다고 할 수 있지만, 로마는 민주정이 아니었고 고전기 아테네보다 대중의 변덕에 훨씬 덜 휘둘렸다. 지배층을 형성하는 혈통 귀족 출신 혹은 평민 출신의 귀족들은 분명히 제한된 집단이었지만 새로운 피를 수혈하는 데 개방되어 있었으며, 로마인은 그들과 마찬가지로 군국주의적 성향을 지녔던 스파르타인에게는 없었던 융통성을 지니고 있었다. 현직 행정관들은 행정권을 가졌으나 임기는 1년으로 제한되었다. 또 원로원이 집단 지도권을 행사했으므로, 어느 한 개인이 전제 권력을 소유할 수 없었다. 공화정은 안정되고 보수적이지만 융통성 있는 체제였으며, 이는 로마가 위대하게 성장할 수 있는 기반이 되었다. 경쟁심이 강하고, 호전적인 원로원 엘리트들이 이끄는 로마는 이탈리아 반도에서 지배 세력이 되었고, 나아가 더 넓은 지중해 세계를 제패했다. 이것은 로마에 승리를 가져다주었으나, 동시에 로마 몰락의 원인이 되었다. 왜냐하면 제국을 건설한 정복 과정에서 압력이 발생하였고, 공화정 구조는 이를 결코 이겨낼 수 없었기 때문이다.

제 3 장

---

# 남성, 여성,
# 그리고 신들

로마 공화정은 살아 있는 실체이며 복합적이고 역동적인 체제였다. 시간이 흐름에 따라 발전했지만 항상 로마다운 특성을 유지했다. 사회 구조는 질서 있는 피라미드 구조였다. 꼭대기에는 원로원 귀족이 있었고, 아래쪽에는 대부분의 노동력을 제공하는 소농, 장인, 그리고 수많은 노예들이 있었다. 하지만 이러한 구조는 결코 고정돼 있지 않았다. 세습 엘리트가 아니더라도 뛰어난 능력을 가진 자들은 출세할 수 있었는데, 이는 로마의 가장 위대한 힘의 원천들 중 하나였다. 일상생활에서 기본 단위는 가정이었다. 가정은 이론적으로는 가장(paterfamilias)이 지배했지만, 실제로는 다른 양상을 보였다. 여성의 중요성이 (오늘날까지 남아 있는 남성에 의해 쓰인 문헌들 속에서) 정당한 평가를 받지 못하고 있긴 하지만, 여성은 대체로 종속적인 역할을 수행했다. 공적 영역과 사적 영역은 로마 사회의 모든 수준에서 서로 융합되어 있었다. 로마 사회는 사람들이 공유하는 문화적 가치와 종교적 가치를 통해 하나가 되었으며, 이를 통해 로마의 자기 정체성이 확립되었다.

### 위엄(디그니타스)과 영광(글로리아)

갓 태어난 공화정은 기원전 5세기 중반에 중부 이탈리아의 이웃 민족들의 공격을 받았다. 위기는 심각했고, 로마는 루키우스 퀸크티우스 킨키나투스(Lucius Quinctius Cincinnatus)를 독재관으로 임명했다. 리비우스는 그에 관해 다음과 같이 이야기한다.

로마가 생존을 위해 모든 희망을 걸고 있던 한 사람, 즉 킨키나투스는 당시 테베레 강 서쪽에 있는 3에이커의 조그만 농장(이는 오늘날 킨키나투스 풀밭이라 알려져 있다)에서 일하고 있었다. 그곳은 오늘날 조선소 자리 바로 맞은편이었다. 로마 시에서 보낸 사절은 자신의 농지에서 일하고 있는 킨키나투스를 발견했다. 도랑을 파거나 쟁기질을 하고 있었을 것이다. 두 사람은 서로 인사를 주고받았다. 그는—자신과 조국을 위해 신의 축복을 비는 기도를 올리고—토가를 입고 원로원의 결정을 수락해달라는 요청을 받았다. 그는 당연히 놀랐고, 모든 일이 순조로운가를 물은 후, 아내 라킬리아에게 오두막으로 뛰어가 토가를 가져오라고 말했다. 킨키나투스는 손과 얼굴의 땀을 닦아내고 토가를 입었다. 사절들은 즉시 축하의 말을 건네며 그를 독재관으로 예우했다. 그리고 로마가 당면한 엄청난 위기에 대한 소식을 전하며 로마에 들어와줄 것을 청했다.

킨키나투스는 로마로 들어가 독재관 직을 수락했다. 이어 군복무 연령에 해당하는 모든 남자들에게 군장을 갖추고 모이라고 명령하고 전장에 나아가 위대한 승리를 거두었다. 그리고 로마로 돌아와 개선식을 거행했다. 킨키나투스의 전차 앞에서는 포로가 된 적장들이 행진했고, 뒤로는 전리품과 더불어 병사들이 따랐다. 그후 킨키나투스는 독재관 직을 내려놓았다. 결국 단 15일 동안만 독재관 임무를 수행한 것이다.

이 이야기는 사실인가? 사실 여부는 중요치 않다. 킨키나투스는 이상적인 로마인의 모델로 기억되었다. 그가 살았던 시대의 지도자는 손수 자신의 작은 농지를 돌보는 농부였다. 원로원의 사절들이 다가오자 킨키나투스는 원로원의 결정을 받아들이기 전에 토가를 바르게 갖추어 입고 땀을 닦은 후 그들의 요청을 수락했다. 그는 적을 무찔러 영광을 얻었으며 개선

4. 미국 신시내티에 있는 킨키나투스의 조각상.

식을 거행하고 나서 권력을 내려놓았다. 자신의 영예보다 국가의 이익을 더 우선시했기 때문이다. 킨키나투스는 후대의 로마인들이 생각한, 공화정을 구성하는 모든 미덕을 몸소 구현한 인물이었다. 초기 로마 역사에는 이러한 영웅적 인물들의 사례가 가득하다. 루크레티아가 희생된 사건을 계기로 루키우스 유니우스 브루투스는 왕정을 전복했다. 푸블리우스 호라티우스 코클레스(Publius Horatius Cocles)는 에트루리아왕 라르스 포르세나에 맞서 테베레 강의 다리를 방어했다. 가이우스 파브리키우스(Gaius Fabricius)는 피로스 왕에 대적해 싸우고 있었지만, 피로스의 주치의가 주인을 독살하려 하자 피로스에게 이를 경고했다.

이러한 이야기들을 통해 우리는 로마인이 선조들과 자신들에 대해 어떻게 생각했는지를 어렴풋이 알 수 있다. 초기 로마는 황금시대로 여겨졌다. 사람들은 사치를 멀리하고 부패하지 않은 단순한 생활 방식을 소중히 여겼다. 이런 고결한 생활을 통해 신의 은총을 받았으며, 역경 속에서 힘을 발휘했고, 이웃 민족들보다 우월한 지위를 점했다. 후대의 세대는 이러한 영웅적인 선조들을 본받을 뿐 아니라 능가하라는 교육을받았다. 공화정이 팽창의 길로 나아가는 데 도움을 준 것은 바로 선조들을 능가하려는 이러한 열망이었다. 로마는 이렇게 팽창함으로써 이전에는 결코 상상할 수 없었던 규모의 부를 손에 넣었다. 공화정 막바지에 혼돈과 내란으로 무너져갈 때 로마인들은 자신들이 도덕적으로 타락했고 선조들이 갖추었던 미덕을 상실했다는 점을 비극의 원인으로 꼽았다.

초기 공화정의 위대한 영웅들은 로마 사회의 최상층, 즉 원로원 엘리트층에서 나왔다. 왕정이 몰락한 후에, 원로원의 구성원이라는 사실은 로마 최고의 사회적·정치적 지표였다. 가장 오래된 가문들, 예컨대 율리우스 가문, 파비우스 가문, 그리고 코르넬리우스 가문은 자신들의 혈통을 왕정기 혹은 그 이전으로 소급했고, 공화정 역사를 통틀어 탁월한 혈통 귀족 집단을 구성했다. 그러나 원로원 엘리트는 폐쇄된 계급이 아니었고, 새로운 피에 개방되어 있었다. 신분 투쟁을 통해 부유한 평민들은 과거의 혈통 귀족과 동등한 권리를 획득했다. 이후 여러 세기 동안 서서히 외부인이 밀려들어 원로원 신분을 획득했다. 그러한 개인은 '신인(novus homo)'으로 알려졌다. 신인이란 어떤 가문에서 처음으로 원로원에 들어가거나, 집정관 직에 선출된 인물을 가리킨다. 여기에는 대(大)카토, 가이우스 마리우스, 마르쿠스 툴리우스 키케로 같은 유명한 인물들이 포함된다.

로마 원로원은 이론상으로는 동등한 자들의 집단이었지만 구성원 사이에는 영예의 서열이 있었다. 원로원이 소집되어 토론을 벌일 때, 맨 먼저 발언하는 사람은 의장 역할을 하는 집정관들이었다. 이어 가장 나이가 많은 전(前) 집정관, 그리고 법무관, 전(前) 법무관, 계속해서 연장자 순으로 발언이 이어졌다. 나이가 적은 원로원 의원들은 대개 발언하지 않았으며, 발언을 하는 경우에도 대개는 항상 연장자들의 지도에 따랐다. 그러므로 원로원은 가장 나이가 많고, 가장 경험이 많은 사람들이 강력한 영향력을 발휘하는 보수적 집단이었다. 원로원의 지도자, 즉 집정관들 다음으로 가장 먼저 발언하는 사람은 프린켑스 세나투스(princeps senatus)로 불렸는데, 이는 원로원에 속한 동등한 사람들 중 일인자라는 의미이다. 후일 아우구스투스는 최초의 로마 황제에 어울리는 이름으로 프린켑스라는 명칭을 택했다.

원로원 내에서 한 인물의 지위를 결정하는 것은 그의 '디그니타스(dignitas: 위엄)'였다. 디그니타스는 사실 단순한 위엄이 아니라 훨씬 많은 의미가 있는 복합적 개념으로서, 한 개인의 인격적 가치와 가문의 가치를 모두 합한 무엇을 의미했다. 더 높은 관직, 예컨대 집정관 직 등을 보유한 자들은 그렇지 않은 이들보다 더 높은 위엄을 지녔다. 명성이 높은 조상들을 둔 이들은 더 높은 위엄을 지녔으며, 역으로 한 개인의 행동이 자신의 위엄과 가문의 위엄을 높일 수도(혹은 깎아내릴 수도) 있었다. 무엇보다 누군가 자신의 위엄을 높이려 한다면 가장 중요한 수단은 '영광(gloria)'을 획득하는 것이었다. 공화정기 로마에서 최고의 영광은 전쟁을 통해서, 즉 군대를 승리로 이끎으로써 얻을 수 있었다. 로마의 모든 귀족은 자신의 위엄을 증진시키기 위해, 또 원로원 서열에서 경쟁자들을 압도하기 위해 영광을 추구했다.

킨키나투스 이야기는 원로원 의원들이 추구했던 이상을 압축하고 있다. 독재관 직을 맡아달라는 요청을 받았을 때, 킨키나투스는 이미 누구도 이의를 제기할 수 없을 위엄을 지니고 있었다. 이후 그는, 원로원이 개선식을 승인할 정도로, 로마를 구하는 커다란 승리를 거둠으로써 더욱 큰 영광을 획득했다. 개선식은 승전한 로마의 장군이 받을 수 있는 최고의 영예로, 군대가 포로들과 전리품을 과시하면서 로마 시내를 통과해 행진할 수 있는 권리였다. 개선 행렬은 도시의 경계선 밖에 있는 '마르스의 평원(캄푸스 마르티우스Campus Martius)'에서 시작하여 로마 시내로 들어와 대경기장(Circus Maximus)을 통과해 내려간 다음 '성스러운 길(Via Sacra)'을 따라 올라가면서 포룸을 통과한다. 이는 카피톨리누스 언덕 위에 있는 유피테르(Jupiter Optimus Maximus) 신전에 도착해, 개선장군이 신의 가호에 감사하며 희생 제물을 바칠 때 절정에 이른다.

원로원 계층의 새로운 세대들은 어릴 때부터 과거 영웅들의 이야기와 행적을 기리는 기념물들에 둘러싸였다. 심지어는 집안에서조차 유명한 선조들이 후손들을 내려다보고 있었

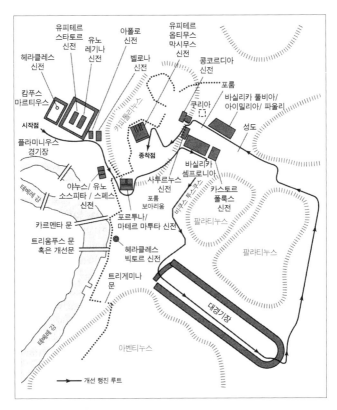

헤라클레스
신전

캄푸스
마르티우스

**시작점**

유피테르
스타토르
신전

유노
레기나
신전

아폴로
신전

벨로나
신전

유피테르
옵티무스
막시무스
신전

콩코르디아
신전

포룸

쿠리아

바실리카 풀비아/
아이밀리아/ 파울리

성도

종착점

카피톨리누스

플라미니우스
경기장

테베레 강

야누스/ 유노
소스피타 / 스페스
신전

사투르누스
신전

포룸
보아리움

바실리카
셈프로니아

카스토르
폴룩스
신전

비쿠스 투스쿠스

팔라티누스

카르멘타 문

트리움푸스 문
혹은 개선문

포르투나/
마테르 마투타 신전

헤라클레스
빅토르 신전

팔라티누스

테베레 강

트리게미나
문

대경기장

아벤티누스

→ 개선 행진 루트

2. 로마의 개선 행진 루트.

다. 로마 제정 초기에 저술 활동을 했던 노(老)플리니우스는 공화정기 귀족들의 집안에 있었던 마스크들을 다음과 같이 묘사했다.

그것들은 외국의 예술가들이 만든 청동 조각상도, 대리석 조각상도 아니었다. 가족들의 밀랍 마스크들(imagines)이었다. 이 마스크들은 납골단지 위에 놓여 있었으며, 가족의 장례식이 치러질 때 장례 행렬과 함께 운반되었다. 그러므로 가족 중 누군가가 죽으면, 과거에 존재했던 모든 가족 구성원들이 변함없이 그곳에 함께하게 되었다. 채색된 초상들을 선으로 이으면 가족의 족보를 추적할 수 있었다. 선조들의 문서보관실은 각종 책과 기록들, 그리고 공직을 수행할 때 달성한 위업을 적은 문서로 가득찼다. 또한 집밖에도, 문 위의 가로대에도 유명한 인물들의 초상들이 있었다. 적에게서 포획한 전리품은 문에 부착했는데, 나중에 이 집을 구입한 사람조차 그것을 떼어낼 수 없었다. 결국 소유자가 바뀌어도, 그 집은 계속해서 개선식을 축하하고 있는 것이다.

공화정의 역사에서 원로원 엘리트들은 '위엄'과 '영광'에 대한 요구에 엄청난 부담을 느꼈다. 이 사실은 아무리 강조해도 지나치지 않을 정도로 중요하다. 로마의 사회와 정치 생활을 지배한 사람들은 태어날 때부터 명성을 얻기 위해 경쟁하고, 선조들의 업적을 모방하고 능가하라는 요구를 받았다. 이는 공화정의 군사적 팽창의 원동력이자 로마 세력 확장의 결정적 요인이었다. 그러나 이런 엘리트의 경쟁은 공화정이 몰락하는 데 중요한 원인을 제공했다. '위엄'과 '영광'에 대한 욕구는 공화정기의 모든 영웅들, 즉 한니발을 제압한 스키피오 아프리카누스에서 폼페이우스 마그누스, 그리고 율리우스 카이사르에 이르기까지 추진력을 제공한 힘이었다. 점점 더 위대한 능력을 획득한 귀족들은 다른 귀족들뿐만 아니라 원로원의 집단적 권위와도 경쟁하게 되었다. 그러면서 점차 개인의 '위엄'이 국가에 대한 봉사보다 더 중요해졌으며, 결국에는 로마를 자신의 의지에 종속시킬 정도의 막강 권력을 손에 넣는 사람이 등장하게 되었다.


## 농부, 상인, 그리고 노예

로마의 경우 원로원 귀족층 아래에서는 계층 구분이 덜 명확한 편이었다. 공화정 말기에는 원로원 엘리트층 바로 아래에 기사 계층(equites)으로 알려진 집단이 등장했다. 이들은 초기 로마에서는 별로 중요시되지 않았던 상업과 공업 분야에 적극 관여했다. 그러나 로마의 자유민 가운데 중심 집단은 소농 계층이었다. 이들은 자기 소유의 토지를 경작했으며, 유사시에는 군복무를 수행하기도 했다. 그들은 로마 사회의 화합에 불가결한 일종의 유대 관계, 즉 보호자(patronus)와 피보호자(cliens) 관계를 맺어 엘리트층과 통합되어 있었다. 피보호자는 보호자에게 노동을 제공하고 투표를 하고 정치적 지지를 제공했다. 반면 보호자는 피보호자를 보호하고 재정 지원을 해주었다. 이것은 법적 관계가 아니라 비공식적 관계였으므로 남용될 여지가 있었지만, 실제로 남용되는 경우는 드물었다. 다수의 충실한 피보호자에 대한 지원은 귀족인 보호자의 '위엄'을 위해 중요했다. 그리고 보호자─피보호자 관계는 로마에서 태생운이 별로 없는 사람들에게 허용된 몇 안 되는 복지 형태들 중 하나였다.

지중해를 정복해가던 위대한 시기에 소농들은 로마 군대의 중추를 형성했다. 공화정 초기에는 상비군이나 직업 군대가 없었다. 전쟁이 일어나면 병사들이 소집되었다. 잘 알려진대로 전쟁은 매우 자주 일어났다. 전장에 나가지 않을 때 병사들은 자신의 농지를 스스로 돌보아야 했다. 재산이 없는 자들에게는 군복무가 허용되지 않았다. 병사들이 자신의 장비를 갖추는 데 필요한 비용을 손수 들여야 했기 때문이다. 군사행동에 나설 필요성이 증가하자 로마 공화정은 병사들에게 보수를 지급하게 되었고, 국가가 갑옷과 무기 생산을 떠맡았다. 이로 인해 병사들의 겉모습이 균일해졌고, 전장에서의 전술이 더욱 통일적으로 시행되었다. 그러나 일정 수준 이상의 재산을 지닌 자들만이 '아시두이(assidui: 군복무의 자격을 갖춘 자들)'가 될 수 있다는 원칙은 여전히 유지되었다. 이는 공화정 말기의 위기에 직면해 바뀌었는데, 이런 변화는 공화정의 몰락에 직접 영향을 끼쳤다.

로마의 주민에는 상당수의 비(非)시민 계층 또한 포함되었다. 로마 제국이 팽창해가면서 이들도 증가했다. 가장 숫자가 많고 중요한 집단은 단연 노예들이었다. 이들은 로마의 사회와 경제에서 결정적 역할을 수행했다. 노예제는 고대사회의 특유한 제도이며, 로마 최초의 성문법인 12표법이 기원전 450년경에 제정되었을 때 노예제는 이미 확고히 자리잡은 상태였다. 남녀의 가내 노예들은 귀족 집안에서 요리와 세탁, 교육, 오락 등의 다양한 역할을 수행했으며, 농촌의 노예들은 귀족의 토지를 경작하거나 국가가 운영하는 광산에서 노동했다. 초기 노예들은 대개 로마가 이탈리아에서 치른 전쟁들로 인해 생겨난 전쟁 포로들이었다. 그러나 로마의 세력이 지중해 너머로 확산되면서 노예의 숫자도 급증했다. 예컨대 기원전 167년 에페이로스 한 곳에서만 끌고 온 노예가 15만 명이었으며, 율리우스 카이사르는 갈리아 원정 때 50만 명이 넘는 사람들을 노예로 만들었다.

근대의 노예제와 비교해볼 때, 로마의 노예제에서 인종이라는 요소는 별 영향을 끼친 것 같지 않다. 후일 아메리카 대륙의 흑인 노예무역에 해당하는 것이 로마에는 없었다. 대신 몇몇 민족들은 특정한 역할을 수행할 것으로 기대되어 높은 가격이 매겨졌다. 그리스인들은 교사나 가내 노예로 높이 평가받았고, 갈리아인이나 다른 '야만인'들은 농장 노동자로 더 선호되었다. 가내 노예들은 야외에서 일하는 노예들보다 좀 더 처지가 좋은 편이었으며, 운이 나쁜 노예들은 광산에 보내졌다. 노예에 대한 처우는 잔인하기도 했지만, 그럼에도 불구하고 로마의 노예들은 독특한 이점이 있었다. 그리스인들과 달리 로마인들은 노예를 해방시킨 후 해방된 노예가 로마 시민권이 부여하는 혜택의 일부(전부는 아니지만)를 획득하도록 허용했다. 이러한 해방 노예들(liberti)은 전 주인에게 계속 충실하리라는 기대를 받았다. 그러나 로마 제국에서 일부 예외적인 해방 노예들은 엄청난 부와 권력을 누리는 지위를 차지했다.

로마 공화정이 팽창하고 사회가 변화했으나 로마의 경제는 여전히 농업에 근간을 두었다. 주민들 대다수의 주요 관심사는 그저 먹고살기에 충분한 곡물을 경작하는 것이었고, 심지어 귀족 계층에게도 토지 소유는 항상 부의 근원이었다. 하지만 로마가 지중해의 여왕으로 변모하자, 경제생활에서도 불가피하게 커다란 변화가 생겨났다. 로마 주화의 출현이 그 점을 반영한다. 로마 초기에는 주화가 주조되지 않았다. 잉여농산물은 임시로 열리는 시장에서 물물교환되었다. 유일한 '화폐'는 기원전 4세기에 고정 중량으로 발행되기 시작한 청동 주괴들뿐이었다. 남부 이탈리아의 그리스인들과 접촉하면서 점차 자극을 받게 된 로마는 좀더 정교한 통화를 채택하게 되었다. 기원전 3세기에 로마는 처음으로 청동화와 은화를 주조하였으며, 여기에는 아스(as), 세스테르티우스(sestertius), 그리고 데나리우스(denarius) 같은 주화들이 포함되었다. 로마의 화폐 주조는 기원전 2세기에, 특히 카르타고로부터 빼앗은 스페인의 은광에서 귀금속이 많이 유입되자 더욱 활발해졌다. 기원전 마지막 세기에 로마의 화폐는 지중해 도처로 광범하게 확산되었다.

이로써 화폐에 대한 국가 차원의 수요가 증가했고 무역이 더욱 중요해졌다. 화폐경제의 필요성은 이런 상황을 반영하며, 그에 따라 물물교환보다 더 편리한 교환 수단이 요구되었다. 국가는 전장에서 병사들에게 보수를 지불하기 위해 주화를 사용했다. 이러한 부담은 제국이 성장함에 따라 더 무거워졌다. 병사들이 지불한 주화는 세금으로 회수되었다. 이는 로마의 통화 유통에서 단순하지만 효과적인 기반이 되었다. 이탈리아와 이탈리아 밖 로마의 도로망은 본래 군사 목적으로 조성됐지만, 사람들의 이동과 물자의 운송에 도움이 되었다.

기원전 3세기에 카르타고에 승리함으로써 로마는 지중해 서부의 해상무역을 장악하게 되었고, 저 멀리 인도와 중국까지 뻗어 있는 동부 해상로에 새로이 접근하는 계기를 마련했다. 해상무역의 교역물 중 상당 부분은 농산물로서, 특히 로마 시의 주민을 먹여 살릴 다량의 곡물을 시칠리아와 북아프리카에서 수입했다. 그러나 가장 이윤이 큰 수입 품목은 그리스의 예술품이나 아시아의 비단과 향료 같은 사치품이었다. 경제가 점점 더 복합적인 성격을 띠면서 로마 공화정은 엄청난 이익을 얻게 되었다. 하지만 덕을 본 사람들은 이미 구매력을 갖춘 부자들이었으며, 로마 역사 전 기간에 걸쳐 대다수 주민은 생계를 유지하기 위해 농경에 의존했다.


## 부모와 자식, 남편과 아내

대부분의 인간 사회가 그렇듯이, 공화정기 일상생활에서 기본 단위는 가정이었다. 로마 자체의 축소판인 로마의 가정은 공화정 역사의 기초가 되었던 원칙들을 보여준다. 로마인의 이름은, 특히 원로원 계층의 귀족들에게는 자기정체성의 표현이었다. 집안에서 남자와 여자의 역할은 로마 사회의 가부장적 이상을 드러내고 있다. 현실은 좀더 복합적이었는데, 기대 수명, 영아 사망, 결혼 기대 연령 같은 본질적 요소들에 의해 영향을 받았기 때문이다. 물리적 환경 또한 영향을 끼쳤다. 로마의 가옥(domus)은 사적 공간과 공적 공간이 결합되어 있고 거주자의 기대를 담고 있었다.

조상들의 계보와 물려받은 '위엄'이 사회적 지위를 나타내는 주요 지표가 되는 사회에서 이름은 대단히 중요했다. 공화정기의 남성 엘리트 이름은 세 부분으로 구성되었는데, 여기서는 개인의 신원보다는 가문이 강조되었다. 남성의 첫번째 이름은 개인명(praenomen)이었다. 예컨대 가이우스나 마르쿠스 등으로, 이는 특별한 의미가 없고 단지 아주 친밀한 사람들 사이에서만 사용되었다. 로마에서 개인명은 스무 가지 이하였고, 맏아들의 개인명은 대개 아버지의 개인명과 같았다. 더 중요한 것은 두번째 이름으로, 이는 씨족명(nomen gentile)이었다. 씨족명은 혈통 귀족의 이름(율리우스, 파비우스, 코르넬리우스)일 수도 있었고, 평민의 이름(셈프로니우스, 폼페이우스, 툴리우스)일 수도 있었다. 이는 사회적 서열에서 한 개인의 위치 설정에 결정적인 것이었다. 세번째 이름은 가문명(cognomen)으로, 특정 씨족 내에서 서로 다른 가문을 식별하는 데 쓰였다. 가문명은 주로 개인의 별명에서 유래했다. 예컨대 마르쿠스 툴리우스 키케로(Marcus Tullius Cicero)의 가문명인 키케로는 원래 '병아리콩'이라는 뜻이다. 한편 '가이우스 율리우스 카이사르'라는 이름을 가진 사람 가운데 우리에게 가장 유명한 카이사르는 자신의 가문명이 다소 당황스러웠을 수 있다('카이사르'는 숱이 많은 머리를 의미하며 이는 대머리였던 독재관 카이사르와는 너무나 동떨어진 이름이기 때문이다).

남성과는 대조적으로 여성에게 이름을 붙이는 방식은 훨씬 더 단순했다. 여성은 개인명이 없었으며, 가문명이 있는 경우도 드물었다. 여성의 이름은 아버지의 씨족명을 여성형으로 만든 것이었다. 그러므로 카이사르의 딸은 율리아였고, 키케로의 딸은 툴리아였다. 또한 손위(major), 손아래(minor)를 붙여 구분했고, 숫자를 붙여(첫째는 프리마prima, 둘째는 세쿤다secunda) 구분하기도 했다. 그래서 로마인의 이름은 한 남성 혹은 여성의 사회적 지위, 가문의 역사, 그리고 맏이인지 아닌지를 드러내주었으며, 한편으로는 선조들이 설정한 기준에 부합해야 한다는 부담을 가중시켰다.

이상적 가정에 대한 로마식 모델에 따르면, 한 가정의 우두머리는 가장으로서, 제일 나이가 많은 남성이었다. 한 가정의 수장인 가장은 아내, 자식들, 그리고 손자들에 대해 가부장권(patria potestas)을 지니고 있었다. 적어도 이론상으로 가장의 법적 권위는 절대적이었다. 가정 내 모든 혼담을 결정하고, 아기를 가정에 받아들일지 아니면 유기해 죽게 내버려둘지를 결정했으며, 심지어는 성년이 된 자녀를 죽이라고 명령하거나 재판 없이 노예로 만들 수도 있었다. 하지만 실제로 아들을 죽이는 아버지는 거의 정상이 아니었으며, 이런 사례는 단지 공화정기에 익히 알려진 에피소드들에서만 존재할 뿐이었다. 가정생활의 단면을 보여주는 사료들은 매우 적지만, 사료들에서는 극히 복잡한 양상이 보이며 나아가 가족애도 엿보인다. 특히 키케로의 서한들에서, 아내 테렌티아(의지력이 강한 여성으로 잘 알려져 있다)는 가정을 운영하고, 딸 툴리아의 혼담을 결정했다. 키케로와 테렌티아의 관계는 긴장돼 있었고 이혼으로 끝났지만, 키케로는 딸 툴리아를 애지중지했다. 이는 엄격한 가부장권이라는 이미지로 둘러싸여 있으나, 로마 사회가 부모 자식의 정서적 유대를 허용하고 있었음을 상기시켜준다.

기대 수명과 유아 사망이라는 엄연한 사실 또한 가정에 대한 로마인의 시각에 지대한 영향을 끼쳤다. 공화정기의 로마는 산업화 이전의 사회였다. 출생률이 높았으며, 아마도 매해 인구 1,000명당 35~40명의 아이가 태어났을 것이다. 사망률도 거의 같은 정도로 높았다. 평균 기대 수명은 30세 이하로, 25세 정도였을 것이다. 그러나 이러한 수치는 높은 유아 사망률 때문에 오해를 일으킬 수 있다. 10세 이전에 사망하는 아이들이 50퍼센트에 이르렀기 때문이다. 원치 않는 여아를 버리는 행위가 유아 사망률을 높였다. 하지만 여아 유기의 관행이 얼마나 널리 퍼졌는지는 확실치 않다. 생존해서 20대에 이른 사람들의 경우, 평균 기대 수명은 55세 정도였다. 대개 여성들은 10대 후반에, 남성들은 20대 중후반에 결혼을 했다.

낮은 기대 수명, 그리고 남자가 여자보다 늦게 결혼하는 세태는 중요한 결과를 초래했다. 여성은 훨씬 나이 많은 남편 때문에 젊은 나이에 미망인이 될 우려가 있었다. 그러나 남성도 아내가 출산중에 사망해 홀아비가 될 수 있었다. 게다가 엘리트 사이의 결혼은 주로 정치적 이유로 결정되었고, 이혼과 재혼이 빈번했다. 그러므로 로마 가정의 모습은 서로 다를 수밖에 없었다. 가족 간에 나이 차가 매우 크게 나기도 했으며, 부모가 서로 다른 아이들이 한 가정에서 함께 살기도 했다. 기원전 59년에 이른바 제1차 삼두정치의 토대가 된 협정의 일부는 폼페이우스 마그누스가 삼두정치의 한 축인 율리우스 카이사르의 딸 율리아와 결혼하는 것이었다. 폼페이우스는 40대 후반이었고, 장인보다 여섯 살이 많았다. 이미 3명의 자녀가 있었으며, 율리아는 네번째 아내가 될 터였다. 10대로 추정되는 율리아는 초혼이었다. 부자연스러운 점이 많음에도 불구하고, 둘의 결혼은 사랑의 결합임이 입증되었다. 그것은 기원전 54년 율리아가 출산 도중 사망할 때까지 폼페이우스와 카이사르의 결속을 유지하는 데 도움을 주었다.

공화정기 상류층 가정생활의 성공과 비극은 로마 특유의 배경 속에서 펼쳐졌다. 로마의 도시 인구의 대부분은 인술라

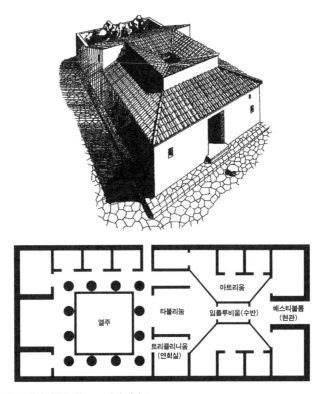

3. 로마의 단독주택(domus)과 평면도.

이(insulae: 5~6층의 다세대주택)에 살았다. 그중 약간의 유적이 오늘날까지 남아 있다. 엄청나게 부유한 사람들은 공화정 말기에 농촌의 화려한 빌라들을 소유하기 시작했으며, 이러한 현상은 제정기에 더욱 확대되었다. 그러나 공화정기 엘리트들의 전형적인 주거는 단독주택(domus)이었다. 집주인은 아트리움(atrium)과 인접한 방들에서 피보호자들을 접견했고 정치 업무를 처리했다. 가족의 기록들이 보존되고, 위대한 선조들의 밀랍 마스크들이 후손들을 내려다보고, 가정의 수호정령들(lares familiares)에게 봉헌물이 바쳐지는 곳도 여기였다. 가옥의 더 안쪽에는 트리클리니움(triclinium: 연회실)과 쿠비쿨라(cubicula: 침실들)가 있었고 여성들은 주로 이곳에서 활동했다. 하지만 로마의 주택에는 특별히 남성의 구역과 여성의 구역이 나뉘어 있지 않았고, 사적 공간과 공적 공간도 엄격히 분리되지 않았다. 특히 아트리움은 로마 엘리트들의 특권과 책임을 상징했다.

로마 주민의 절반을 차지하는 여성의 경우, 딸과 아내의 역할 외에는 거의 알려진 바가 없다. 우리의 사료들을 저술한 남성들은 정치와 전쟁에 좀더 관심이 많았다. 가부장적 사회의 시각에서 보면, 이상적인 여성은 남편의 귀가를 기다리며 실을 짜고 있는 루크레티아 같은 여성이었다. 겁탈당한 뒤 자결한 루크레티아의 행동은 자신의 삶보다는 가문의 영예를 우선시한 것이었다. 4세기 반이라는 시간이 흐른 뒤에, 공화정기 최대의 난봉꾼으로 널리 알려진 율리우스 카이사르는 수상쩍은 파티가 끝난 뒤 죄 없는 아내와 이혼했다. '카이사르의 아내는 의심조차 받아서는 안 된다'는 이유를 댔다. 이러한 이야기들 속의 여성들은 철저히 가정이라는 배경 속에 다소곳이 자리잡고 있다. 여인네들은 한 개인으로서 판단되지 않고, 어디까지나 그들의 행동이 남편에게 어떤 영향을 끼치느냐에 따라 판단되었다.

공화정기에 여성들은 공적 직무를 맡을 기회가 거의 없었다. 공직을 보유할 수도, 민회에서 투표할 수도 없었다. 여성의 정치 참여는 심각한 위기의 순간에만 인정되었는데, 예컨대 전설적 과거에 속하는 '사비니인 여인들의 납치' 같은 사건의 경우에 그러했다. 여성이 할 수 있는 거의 유일한 공적 역할은 종교와 관련된 것이다. 로마에서 가장 유명한 여사제단인 베스타 여사제단(Vestal Virgins)은 로마 시의 성립보다 더 오랜 역사를 자랑했다. 왜냐하면 로물루스의 어머니 레아 실비아가 베스타 여사제였다는 이야기가 전해지기 때문이다. 이 여사제들은 화로의 여신인 베스타 여신을 섬겼으며, 주요 임무는 베스타 여신의 제단에 있는 영원한 불을 꺼지지 않게 지키는 것이었다. 유력 가문 출신의 소녀들은 6세에서 10세 사이에 베스타 여사제로 임명되었으며, 최소한 30년 이상 봉사해야만 했다. 일부 여사제들은 종신 봉사를 선택했다. 베스타 여사제를 지낸 여성들은 후일 결혼할 자격이 있었으며 많은 이들에게 존중받았다. 그러나 사제직을 수행하는 동안에는 선서한 바를 엄격하게 준수해야 했다. 신성한 불이 꺼질 경우 책임이 있는 베스타 여사제는 채찍질을 당했으며, 처녀성을 상실할 경우 산 채로 매장당하는 벌을 받았다. 위기가 닥쳐오면 베스타 여사제들의 태만 때문에 신의 분노가 초래됐다는 의심을 사기도 했다. 예컨대 칸나이(Cannae) 전투에서 한니발에게 비참하게 패배하자, 2명의 베스타 여사제를 매장시키라는 판결이 내려졌다(1명은 형벌이 집행되기 전에 자살했다).

로마의 여성에 관해 이야기할 때 소수의 처녀 여사제들이나 영웅적인 여성들에게만 포커스를 맞추는 것은 온당치 않다. 여성들은 가정에서 가사와 경제 업무를 지시했으며, 요리나 의복 생산, 육아를 감독했다. 엘리트 계층이 아닌 아내들은 남편들과 더불어 상점에 드나들었으며, 남자들이 집을 떠나 점점 더 길어지는 전쟁, 점점 더 멀어지는 전쟁터에서 군인으로 복무하는 동안 농장을 경영했다. 원로원 계층의 숙녀들은 상당한 교육을 받았고, '위엄'에 대한 귀족적 관심과 과거를 본받으려는 열망을 공유하여 로마인으로서 적합한 행위를 하도록 아들들을 격려했다. 한니발을 패배시킨 스키피오 아프리카누스(Scipio Africanus)의 딸인 코르넬리아(Cornelia)는 두

아들 티베리우스 그라쿠스와 가이우스 그라쿠스에게 로마인들이 자신을 아직도 그라쿠스 형제의 어머니라고 부르지 않는다고 거듭 질책해 아들들을 불길한 운명이 기다리고 있는 정쟁으로 몰아넣었다. 두 아들이 살해된 후, 코르넬리아는 로마의 귀족에서 외국의 왕들에 이르기까지 많은 귀빈들의 방문을 받았다. "그들은 그녀가 슬픔의 기색 없이 눈물 한 방울 흘리지 않고 아들들에 대한 이야기를 듣는 모습에 하나같이 감탄했다. 그녀는 아들들의 업적이나 운명에 대해 묻는 모든 이들에게 마치 로마의 초기 역사라도 되는 양 지난날을 회상하며 이야기를 들려주었다."(플루타르코스)

'투리아이(Turiae) 송덕비'로 알려진 기원전 1세기 말의 익명의 비문은 공화정기의 잊혀진 모든 여성을 대변한다. 이 비문의 단편 속에서 한 남편은 40년의 결혼 생활 끝에 죽음에 이른 자신의 아내(이름이 투리아이였을 것이다)를 칭송한다. 기원전 1세기의 연이은 내란 통에 추방된 남편을 지원하였으며, 그를 대신하여 카이사르 아우구스투스의 자비를 얻어냈다. 그녀는 충실함, 복종심, 그리고 근면함과 검소함으로 칭찬받고 있다. 대를 이어야 한다는 그녀의 의무감은 너무나 강력해서, 자신이 불임임을 알았을 때는 남편에게 이혼을 청하면서 좀더 아이를 잘 낳을 상대를 찾으라고 제안하기도 했다. 이에 답하며, 남편은 구구절절 자신의 마음을 표현했다.

운명이 우리를 갈라놓을 때까지 이별은 생각할 수 없소. 내가 추방되어, 거의 죽은 몸이나 다름없을 때에도 당신은 그토록 나에게 충실했는데, 내가 살아 있는 동안 당신이 나의 아내이기를 그칠 수 있다는 생각을 하다니! 아이를 갖는 일로 내가 신뢰를 무너뜨리고, 가정의 불행을 초래하게 된다면, 아이가 뭐 그리 큰 소망이며 절실함이겠소? 이에 대해서는 이제 그만 얘기하겠소! 당신은 내내 나의 아내로 내 곁에 남아 있었소. 당신을 포기하면 나는 수치스러울 수밖에 없고 우리 둘 다 불행해지기 때문이었소. …… 당신은 모든 것을 받을 만한 가치가 있는 사람이지만, 운명 때문에 나는 내가 마땅히 주어야 하는 것을 당신에게 모두 줄 순 없었소. 당신의 마지막 소망을 법처럼 마음에 새기리다. 덧붙여 내가 조금이라도 그렇게 할 능력이 있다면, 그렇게 하리다. 망자의 혼령들(Di Manes)이 당신에게 안식과 보호를 주기를 기도하리다.

## 신들의 평화

로마 사회를 통합한 마지막 결정적 요소는 종교였다. 이해할 수도, 통제할 수도 없는 힘들이 만들어놓은 불확실한 세상에서 고대의 로마인들은 신을 믿음으로써 확신을 얻고 보호를 기대했다. 리비우스는 로마의 성장 원인을 공화정의 독특한 정치체제와 로마 군단의 힘으로 설명하기보다는, 초기 로마인들의 경건함과 도덕성에 의해 신들의 은총을 얻은 덕분이라 설명했다. 근대인의 눈에는 공화정기의 신앙이 매우 낯설어 보이겠지만, 종교는 로마인의 생활에서 필수 요소였다. 가정에서는 가정을 수호하는 정령들을 모시는 소규모 가정의 례를 열었으며, 국가적으로는 국가를 수호하는 최고의 신들을 기리는 대규모 희생제와 행렬을 거행했다. 신들의 의지를 알아보기 위해 새들이 비행하는 모습을 해석했고, 희생된 제물의 내장을 분석했다. 신들의 승인을 얻기 전에는 선거를 치르지도, 전쟁을 선포하지도 않았다.

다른 분야와 마찬가지로, 종교에서도 로마인들은 다양한 원천에서 영감을 얻었다. 로마에서 최고신과 최고 여신들은 유피테르(그리스 신화의 제우스)가 지배하는 올림포스의 신들이었다. 유피테르 숭배는 로마 공화정이 등장할 때 이미 로마에서 확고하게 자리잡은 상태였다. 올림포스의 신들과 더불어 이탈리아의 토착 신들도 있었다. 예컨대 신격화된 로물루스와 결합된 신 퀴리누스(Quirinus), 얼굴이 둘인 문(門)의 신 야누스(Janus) 등이다. 포룸 가까이에 있는 야누스 신전은 평화시에만 닫혔다(문을 닫는 의식은 황제 아우구스투스가 통치하기 이전에 로마 역사에서 단 두 번만 거행되었다고 한다). 로마 자체는 의인화되어 로마 여신으로서 숭배되었다. 한편 개인 차원에서는 가정을 지키는 수호신들인 라레스(lares)와 페나테스(penates)를 위해 가내 사당을 마련해두었다.

이렇듯 다양한 신을 모시는 만신전은 항상 새로운 신들에게 개방되어 있었다. 외국의 신들을 로마에 흡수하는 것은 우월함의 상징이었을 뿐 아니라 로마인들과 피정복민의 유대를 확립하는 수단이었다. 로마인들은 에트루리아인들로부터 '내장점 점술가들(haruspices, 단수는 haruspex)'을 이용하는 제도를 차용했다. 이들은 희생된 동물의 내장을 살펴 예언하는 점술가들이었다. 율리우스 카이사르에게 '3월 15일을 조심하라'고 경고한 점술가 스푸리나(Spurinna)는 내장점 점술가였다. 로마의 가장 유명한 신탁집인 『시빌의 신탁서』는 로마의 마지막 왕 타르퀴니우스 수페르부스가 쿠마이의 여자 예언가인 시빌에게서 얻은, 그리스어 시들로 쓰인 신탁서였다. 전설에 따르면, 시빌은 타르퀴니우스에게 9권의 신탁서를 제공했으나, 왕은 값을 치르기를 거절했다. 시빌은 3권을 불태우고, 나머지 6권에 대해 같은 값을 요구했으나 또다시 거절당하자 3권을 더 태워버렸다. 결국 타르퀴니우스는 굴복하고, 남은 3권을 샀다. 이 신탁서들은 카피톨리누스 언덕 위에 있는 유피테르 신전에 보관하여 국가에 위기가 닥칠 때에만 참고했다. 한니발과 전쟁을 벌이던 도중에 로마는 소아시아로부터 대모신(Magna Mater)인 키벨레(Cybele) 여신을 들여왔는데, 이는

『시빌의 신탁서』의 명령에 따른 것이었다. 키벨레 의례의 상징(검은색 운석)은 외적들에 대한 승리를 확실히 보증받기 위해 팔라티누스 언덕 위에 있는 새로운 신전에 안치했다. 하지만 로마 시민은 난잡하고 법석대는 키벨레 여신의 종교의례에 참가하는 것이 금지되었다.

이와 같이 로마인들은 다른 종교에 관용을 베풀었다 할 수 있다. 정복한 민족에게 로마의 신들을 강요하지 않았으며, 패배한 적들의 종교의례를 자신들의 종교의식에 통합했다. 그러나 로마의 종교가 기독교나 이슬람교처럼 좀더 배타적인 종교들에 비해 더 '관용적'이었다고 말하긴 어렵다. 관용이란 기존 종교를 대체할 다른 종교의 존재를 허용하는 것을 의미한다. 로마의 다신교는 관용적이지도 불관용적이지도 않았다. 다른 민족들의 종교 관행을 흡수해버렸기 때문에, 특별히 종교적 이유에서 박해할 이유가 없었던 것이다. 기원전 186년에 디오니소스 신을 기리는 주신제(Bacchanalia)가 원로원의 명령에 의해 일시 억압당했던 것은 사실이다. 하지만 이는 디오니소스 추종자들이 술에 취해 폭도로 변하자 이를 저지하기 위한, 공공질서 회복 차원의 조치였다. 이후 포도주의 신에 대한 숭배는 좀더 받아들여질 만한 형태로 지속되었다. 독특한 종교적 정체성을 고수하던 유대인들이 예외적인 도전세력이었으나 공화정의 마지막 세기에 이르면 로마의 유대인 공

5. 폼페이의 '비의의 집'에 그려진, 디오니소스 신을 섬기는 종교의식.

동체가 확고하게 자리잡게 된다. 제정기에 이르러서야 로마인과 유대인 사이에, 그리고 두 집단과 새로 등장하는 기독교인들 사이에서 폭력 사태가 일어나게 되었다.

로마의 수많은 종교의식들은 고유의 형식과 의례를 갖추고 있었다. 이들 사이에서 통일성은 기대할 수 없었다. 즉 모든 로마인이 따라야만 한다고 기대되었던 하나의 성스러운 경전도 신앙도 없었다. 서로 다른 종교적 요소들을 함께 묶고 있었던 것은, 위험한 세상에서 지도와 보호를 얻으려는 인간의 보편적 바람이었다. 그러한 소망은 '신들의 평화(pax deorum)'라는 로마 종교의 근본 원칙으로 표현되었다. 신들은 강력한 반면에 무서운 존재이기도 하다. 로마인들은 정확한 의례와 기도를 통해 신들의 호의를 계속 유지하고, 신들의 분노를 잠재우려 노력했다. 개인들은 병에 걸렸을 때나 아기가 태어났을 때 신의 보호를 구했으며, 위험이 닥쳐왔을 때 신들에게 안정과 번영을 청했다. 가정에서 치러진 희생제는 가정의 안녕을 빌었으며, 공공의 종교의식은 국가의 안녕을 위한 행사였다. 리비우스 같은 로마인들은 공화정의 마지막 세기에 연이어 재난이 닥친 이유는 오로지 로마의 위대함의 원천이었던 도덕과 신앙심의 상실에 있다고 생각했다.

'신들의 평화'에 대한 믿음, 그리고 인간과 신들의 관계가 무엇보다 중요하다는 생각이 로마의 여러 종교에 내재한 수

많은 특징의 기초를 이루었다. 개인의 신앙과 기도에 더 큰 가치를 두는 기독교에 비하면, 로마 종교는 공동체 성격이 강했다. 개인의 신앙 표현은 구성원들이 함께 참가하는 의례보다 덜 중요했다. 가정의 종교의식도, 국가의 종교 축제도 집단의 이익을 위해 신들에게 호소하는 것이었다. 개인성보다는 집단성을 띠었기 때문에, 모든 의례를 차질 없이 제대로 거행하는 것이 대단히 중요했다. 아주 사소한 실수라도 하면, 예컨대 기도중에 말을 더듬거나 희생 제물을 잘못 다루면 의례의 전 과정을 반복해야 했다. 형식과 절차에 대한 이런 강박관념은 로마인이 올바른 믿음(orthodoxy)보다는 올바른 행위(orthopraxy)를 강조하고 있었음을 나타낸다. 이는 우리에게 비인격적으로 보일 수도 있다. 그러나 로마인들의 신앙생활이 진실하지 않다며 무시하는 것은 온당치 않다. 로마의 전승에는 신들을 무시한 자들에게 어떤 일이 일어나는지를 보여주는 이야기들이 가득하다. 카르타고와 대적한 제1차 포에니 전쟁이 한창이던 기원전 249년에 드레파나(Drepana)에서 로마 함대를 지휘했던 푸블리우스 클라우디우스 풀케르(Publius Claudius Pulcher)는 전장에 나가려 할 때 생긴 불길한 징조를 무시했다. 즉 신성한 닭들이 먹기를 거부한다는 이야기를 듣자 닭들을 배 밖으로 던지며, '닭들이 마시게 하라'고 말했다고 한다. 풀케르는 비참한 패배를 당했고 정치 경력은 끝났다.

신의 응징을 자초한 인간에게 걸맞은 운명이었다.

종교 의례는 공동체의 선(이익)을 위해 거행되었다. 그러므로 종교의식을 행하는 사람이 공동체의 사회, 정치 생활의 지도자라는 사실은 온당한 것이었다. 가내의 종교의식은 가장이, 국가의 종교의식은 성직을 보유한 행정관이 수행했다. 그러므로 고대 세계의 여타 문화권들과 달리, 로마에는 별도의 종교 집단이 없었다. 온전히 종교적 임무만을 거행하는 사제와 여사제(베스타 여사제는 전임이었다)는 드물었다. 로마의 사제들 중 대다수는 원로원 계층의 엘리트였고, 종교적 직책은 정치 경력과 뗄 수 없이 얽혀 있었다. 다양한 사제단들이 있었다. 예언의 임무를 맡은 '조점관들(augurs)', 그리고 원로원의 요청이 있을 때 시빌의 신탁서를 조사하는 '10인 사제단 (decemviri sacris faciundis)'도 있었다. 가장 높은 지위를 차지한 사람은 '대사제들(pontifices)'의 수장인 '최고 대사제(pontifex maximus)'였다. 대사제들의 주요 임무는 종교법을 감독하여 '신들의 평화'를 유지하는 것이었다. 율리우스 카이사르는 기원전 63년부터 기원전 44년에 죽임을 당할 때까지 최고 대사제였다. 공화정이 몰락한 후에는, 신들과 인간들 앞에서 국가를 대표하는 황제들에게 그 칭호가 넘어갔다.

로마에서 형성된 종교와 정치의 밀접한 유대는 '교회'와 '국가'가 명확히 분리되어야 한다고 생각하는 근대의 관찰자들에게는 우려스럽게 보일 것이다. 로마의 귀족들은 실제로 종교를 정치에 이용하기도 했다. 기원전 59년에 마르쿠스 칼푸르니우스 비불루스(Marcus Calpurnius Bibulus)는 동료 집정관이었던 율리우스 카이사르에게 반대하기 위하여 '종교적 징조를 보았다'고 선언했는데, 이는 카이사르가 내린 모든 조처를 무효화하는 종교적 주장이었다. 이토록 노골적인 조작을 시도한 것은 거기에 중요한 의미가 담겨 있었기 때문일 것이다. 키케로와 같은 지성인은 동시대인의 신앙심을 회의했지만, 여전히 신들과 '신들의 평화'에 대한 존경심을 고수했다. 종교에 대한 로마인의 태도는 비개인적이거나 정치적으로 보일 수도 있다. 하지만 이는 우리의 시각이지 로마인들의 시각이 아니다. 로마 종교의 다양한 세계를 구성하는 무수한 신들, 신전들, 종교의식들, 종교 축제들은 수세기 동안 로마인들의 참된 욕구를 채워주었고 공화정이 사라진 후에도 오랫동안 그러한 역할을 수행했다.

제 4 장

카르타고를
파괴해야 한다

기원전 275년 무렵 로마 공화정을 구성하는 정치, 사회 구조는 확고하게 안정되었다. 원로원의 집단지배체제는 사회를 안정시켰고 귀족층의 야망을 일정한 방향으로 이끌었다. 대중은 민회들과 투표를 통해 발언권을 행사했고, 농업경제는 로마군에 인력을 제공했다. 주변의 라틴 민족 집단에서 저 멀리 마그나 그라이키아의 도시들에 이르기까지, 동맹국들의 네트워크는 로마 공화정이 사용하는 자원의 토대를 넓혔고, 중부와 남부 이탈리아에 대한 통제권을 보장했다.

그러나 로마 공화정은 여전히 지역 세력에 불과했고 이탈리아 반도에서만 영향력을 행사했으며 지중해에서는 아무런 역할을 하지 못했다. 기원전 3세기에 상황은 변했다. 로마의

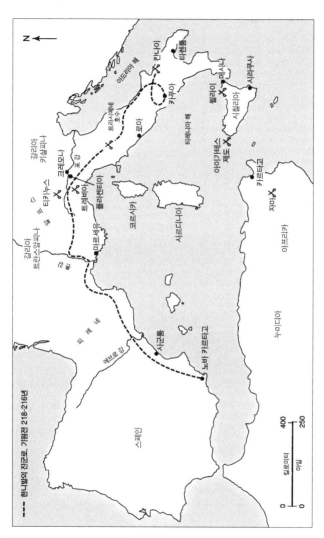

N ←

티레니아 해

이탈리아

에트루리아

카푸아

수호호

페루시아

로마

티베르 강

페레티 해

이아메네

카일레룸

시칠리아

놀라

게투라

이아피테스
제국

리구리아
키살피나

크레모나

포 강

플라켄티아

코르시카

시르디니아

마르세유

리구리아
트란수알피나

니카이아

티카누스

론 강

코르시카

코르시카

시르디니아

카르타고

자마

아프리카

갈리아

피레네

시군툼

에브로 강

모비 카르타고
누바 카르타고

누미디아

히스파니아

―――― 한니발의 진군로, 기원전 218-216년

킬로미터

마일

0      250      400

0

4. 카르타고 제국과 포에니 전쟁.

시야가 이탈리아 너머로 확대되자 로마는 최대 강적이던 북아프리카의 도시국가 카르타고와 직접 충돌하게 되었다. 기원전 264년에서 기원전 146년에 이르는 전쟁 기간에 로마는 심각한 위기에 내몰렸으며, 공화정 역사상 가장 극적인 상황이 연출되고 영웅들이 등장하기도 했다. 세 번에 걸친 '포에니' 전쟁에서 로마는 마침내 카르타고를 멸망시켰고, 이후 진정한 지중해 세력으로 변모했다.

역사는 승자가 쓴다. 고대 카르타고는 거의 흔적조차 남지 않았다. 로마와 벌인 기나긴 투쟁에 관한 카르타고 쪽의 기록은 남아 있지 않다. 카르타고와 포에니 전쟁에 관한 우리의 지식은 주로 리비우스가 쓴 『로마사』와 친로마파 그리스 역사가인 폴리비오스(Polybios of Megalopolis)의 기록에서 유래한다. 그러므로 우리는 카르타고인에 관해 아는 바가 매우 적으며, 적이었던 로마인들의 왜곡된 시선을 통해 그들의 동기와 행동을 관찰할 수밖에 없다. 그럼에도 불구하고 카르타고 사회의 기초가 될 뿐만 아니라 카르타고를 당시 떠오르던 로마 공화정의 강력한 경쟁자로 만들어준 주요 특징들을 재구성할 수는 있다.

카르타고는 기원전 800년경 오늘날 레바논 지역에 있던, 동지중해의 도시 티레(Tyre)에서 온 식민자들이 건설했다. 이 건설자들은 해상 무역 민족인 페니키아인(라틴어로는 푸니키

punici)이었다. 카르타고는 돌출된 곳에 자리잡은 천혜의 항구였다(오늘날의 튀니스). 서지중해의 무역을 통제하기에 이상적인 위치에 있어 일종의 상업 제국을 형성했으며, 이는 북아프리카를 넘어 스페인, 사르디니아, 그리고 시칠리아까지 뻗어 있었다. 카르타고의 부는 고대 세계에서 거의 속담처럼 회자되었는데, 폴리비우스에 따르면 '세상에서 가장 부유한 도시'였다. 로마와 대조적으로 주민의 상당수가 농업보다는 상업과 공업에 종사했다. 이 점은 카르타고의 정치, 군사 구조에 반영되어 있다. 카르타고는 과두체제로, 가장 부유한 몇몇 가문이 지배했다. 군대는 카르타고인 장교들이 지휘하는 용병대가 근간을 이루었으며, 여기에는 누미디아(Numidia) 출신의 엘리트 기병대와 오늘날은 사라진 북아프리카의 코끼리들로 이루어진 강력하지만 다소 불안정한 부대가 포함되었다. 카르타고에서 더욱 중요한 것은 해군이었다. 카르타고는 대략 200척의 5단 노선(quinquireme), 즉 길이 45미터에 청동을 입힌 충각을 갖춘 노잡이 갤리선들을 유지했다. 이런 배는 노잡이 300명과 전투원 120명을 태울 수 있었다. 훈련이 잘된 카르타고 해군은 제1차 포에니 전쟁이 일어날 때까지 서지중해를 지배했다.

## 제1차 포에니 전쟁

로마는 결국 카르타고와 충돌하게 되었다. 초기에 양국은 비교적 우호적인 관계를 맺었다. 에피루스의 피로스 왕과 싸울 때는 피로스의 침략에 대비해 상호 협력을 위한 조약을 체결하기도 했다. 피로스를 물리친 로마는 남부 이탈리아를 지배하게 되었고, 결국 카르타고의 영향권 내에 있던 시칠리아 문제에 개입하게 되었다. 당시 카르타고는 시칠리아에 있는 그리스계 도시국가들과 수세기 동안 충돌하고 있었다. 이들 그리스계 도시국가 중 가장 큰 국가는 시라쿠사(Syracusa)였다. 기원전 288년 스스로를 마메르티니(Mamertini: 마르스 신의 아들들)로 부르는 한 무리의 이탈리아 용병대가 시칠리아의 도시 메시나(Messina)를 장악했다. 마메르티니는 카르타고와 시라쿠사의 영토를 무차별적으로 약탈했기 때문에 도처에서 적개심에 불타는 적이 나타났다. 기원전 265년에 메시나 내의 경쟁 파벌들은 로마와 카르타고에 동시에 도움을 요청했다. 카르타고인이 이에 먼저 대응하여 함대를 보냈다. 이어 로마군이 바다를 건너 시칠리아로 들어왔고, 카르타고의 지휘관은 메시나를 포기했다(그는 이 때문에 후일 십자가형을 당했다). 시라쿠사는 카르타고를 적대하여 로마와 동맹을 맺었다. 기원전 264년에 제1차 포에니 전쟁이 시작되었다.

카르타고인은 오랫동안 시칠리아 문제에 개입해왔기에 메

시나의 요청에 응한 것은 쉽게 이해할 수 있다. 그런데 왜 로마는 마메르티니를 돕게 되었을까? 한 가지 동기는 두려움이었다. 왜냐하면 로마인들은 카르타고가 시칠리아를 지배하면, 로마의 이탈리아 반도 지배권을 위협하게 되지 않을까 우려했기 때문이다. 또다른 이유는, 로마인들이 이탈리아 동맹국들의 충성심을 유지하고 싶어했던 것이다. 이탈리아인인 마메르티니를 도움으로써, 로마는 동맹국들이 위험에 닥쳤을 때 그들을 지원함으로써 신의(fides)를 군게 지킨다는 사실을 입증할 수 있었던 것이다. 두려움과 신의는 로마의 사료들이 즐겨 강조한 동기들이었다. 왜냐하면 로마인들은 단지 자국과 동맹국을 방어하기 위해서만 전쟁을 수행한다고 주장했기 때문이다. 이러한 동기들은 진실이겠지만, 모든 것을 설명할 수는 없다. 로마 사회는 전쟁과 정복으로 인한 경제적 보상을 기대하는 쪽으로 조정되어 있었으며, 귀족층은 군사적 '영광'을 얻으려 경쟁하고 있었다. 군대를 지휘한 이들은 집정관들이었으며, 모든 중요한 결정들은 원로원에서 토의했다. 로마를 전쟁에 몰아넣은 이들은 원로원 귀족층이었다.

메시나에서 첫 충돌이 일어난 후 시칠리아에서의 육전은 금세 교착 상태에 빠졌다. 카르타고는 해안 도시들을 방어하는 데 집중했다. 하지만 로마인들은 공성전의 경험이 거의 없었다. 카르타고의 함대는 해안 도시들에 지속적으로 물자를 공급하였으며, 심지어 해상으로 코끼리들을 들여보내기도 했다. 이러한 교착 상태가 지속되는 동안 카르타고인이 이탈리아 해안을 거듭 습격하자, 로마는 최초로 정규 해군을 창설할 수밖에 없었다. 로마는 이미 약간의 배들을 갖고 있었으나, 함대의 규모는 작았고 카르타고의 최신식 전함들에 비하면 시대에 뒤떨어진 것이었다. 때마침 카르타고의 5단 노선 한 척이 좌초되자 로마인들은 이를 본떠 60일 만에 120척의 5단 노선들을 건설했다. 전함의 인력은 남부 이탈리아의 그리스 동맹국들 출신의 선원들이 채웠다.

　로마의 전승이 다소 과장했을 수도 있다. 그러나 빈손이나 다름없는 상태에서 이러한 함대를 창설했다는 것은 공화정 역사상 가장 눈부신 업적 중의 하나이며, 조직화라는 점에 있어 로마의 천재성을 증거한다. 해상에서 카르타고인의 우월한 기술과 경험을 상쇄하기 위하여, 로마인은 전함에 '까마귀(corvus)'라는 장치를 부착했다. '까마귀'는 끝 쪽에 쇠갈고리가 달린 승강대였다. 이것으로 두 척의 배를 한데 묶어 고정된 승강단을 만들고 백병전을 치를 수 있었다. 이러한 장치로 무장한 로마의 함대는 기원전 260년에 밀라이(Mylae)에서 중요한 승리를 거두었다. 50척의 카르타고 선박이 포획되었으며, 배의 청동 이물들이 지휘관 가이우스 두일리우스(Gaius Duilius)를 기념하여 로마 포룸에 있는 열주들을 장식했다.

　로마의 해군력이 갑자기 등장하자 전쟁의 흐름이 바뀌었다. 기회를 잡았음을 알아챈 로마인은 카르타고 본토를 위협하기 위해 기원전 256~255년에 함대를 이용해 아프리카 본토로 군대를 보냈다. 그러나 로마군은 스파르타인 크산티푸스(Xanthippus)가 이끄는 카르타고 용병대에 의해 격파되었고, 이어 로마의 구조 함대는 엄청난 폭풍을 만났다. 280척의 전함이 소실되었고, 승선한 10만 명 이상의 노잡이와 병사들을 잃었다. 두번째 함대는 기원전 253년의 폭풍에 희생되었는데, 부분적으로는 무거운 '까마귀'로 인해 로마의 전함들이 거친 날씨에 취약해졌기 때문이다. 이후 기원전 249년에 카르타고인은 드레파나 해전에서 승리를 거두었다. 로마의 지휘관 풀케르가 신성한 닭들을 배 밖으로 던져 신의 분노를 자초한 뒤의 일이었다. 지상전과 마찬가지로 해전도 소모전이 되었다. 양측 누구도 우위를 점할 수 없었다.

　기원전 240년대에 전쟁은 30년째로 접어들었다. 양측은 탈진한 상태였다. 아마도 이탈리아의 동원 가능 인력의 20퍼센트 정도가 전쟁과 폭풍으로 사망했을 것이다. 그러나 공화정은 평화조약을 체결하기를 거부했다. 로마는 더욱 분발했다. 새로운 세금이 징수되었다. 귀족층이 나서서 귀족들에게 국가에 대부금을 내놓으라고 명령했다. 즉 원로원 의원 3명이 전함 1척을 책임지도록 했고 또하나의 함대가 건설되었다. 기원전 241년, 로마 해군은 서부 시칠리아 인근 아이가테스 제도(Aegates Islands) 일대에서 최후의 승리를 거두었다. 카르타고는 강화를 요청했다.

강화조약에 따라, 패배한 카르타고인은 시칠리아를 포기했다. 하지만 여타 지역 소유권은 여전히 인정받았다. 카르타고는 3,200탈렌트(대략 은 100톤에 해당한다)의 막대한 배상금을 지불해야 했다. 마침내 파산한 카르타고에서 용병들이 반란을 일으켰고 이는 기원전 237년까지 지속되었다. 로마인들은 적이 취약한 상태를 이용하여 사르디니아를 탈취했다. 게다가 더욱 모욕적이게도, 카르타고가 1,200탈렌트를 세공으로 더 지불하지 않으면 전쟁을 재개하겠다고 위협했다. 카르타고는 굴복하는 수밖에 없었지만, 로마의 고압적 태도에 불만과 원한이 팽배했다. 2,000년 이후 제1차 세계대전을 종결한 베르사유 조약과 마찬가지로, 제1차 포에니 전쟁의 종말은 이후의 충돌의 씨를 뿌려두었다.

제1차 포에니 전쟁을 통해 공화정은 군사적·경제적 압박을 견디며 재기를 위해 국가를 탄력성 있게 운영할 수 있음을 입증했다. 또한 엄청난 부담이 지속되었음에도 동맹국들이 충성을 유지한다는 점이 확인되었다. 전쟁이 끝나자, 시칠리아는 세공을 부담하는 로마 최초의 속주가 되었다. 이탈리아의 동맹국들과는 달리, 시칠리아는 법무관을 로마 총독으로 받아들였다. 1명의 재무관이 총독을 보좌하여 세금과 소규모 주둔군을 감독했다. 다른 관료들은 전혀 제공되지 않았다. 로마는 기존의 사회, 정치 구조를 유지하고, 지역 엘리트들을 통해 통치하는 체제를 선호했다. 공화정하에서 로마의 모든 속주 행정의 모델은 이같이 단순하고 융통성 있는 체제였다. 이는 곧 사르디니아로 확장되었다.

## 한니발과 스키피오

시칠리아와 사르디니아를 상실한 카르타고는 해외에 남아 있는 마지막 영토인 스페인에 관심을 쏟았다. 그곳에서 영토를 확장하고, 로마가 요구한 세공을 지불하기 위해 풍요로운 은광들을 이용했다. 스페인에서 지휘권을 맡은 장군은 하밀카르 바르카('천둥'이라는 뜻이다)였다. 스페인의 자존심을 되찾고 패배를 설욕하기로 결심한 하밀카르는 9살배기 아들로 하여금 언제나 로마를 적대시하겠노라 맹세하게 만들었다고 전해진다. 그가 바로 한니발인데, 개인으로는 로마 공화정이 대면한 가장 위대한 적이었다. 고대 역사상 가장 훌륭한 장군이었던 한니발은 리비우스의 기록을 통해 사람들의 기억 속에 영원히 남게 되었다.

그의 지휘하에 병사들은 항상 가장 힘차게 돌격하고, 사기가 충천했다. 무모할 정도로 위험을 감수하기도 했던 한니발은 일단 위험이 닥치면 뛰어난 전략적 능력을 발휘했다. 육체적으로나 정신적으로 지칠 줄 몰랐고 지독한 더위나 혹심한 추위도 쉽게 견딜 수 있었다. 미각을 만족시키기 위해 먹고 마시지 않았으며, 단지 신체의 활력을 유지할 정도로만 먹고 마셨다. …… 말 위에서든 지상에서든, 전사로서 그를 대적할 사람이 없었다. 공격할 때는 항상 앞장섰으며, 전장을 떠날 때는 가장 마지막에 떠났다. 그의 미덕들은 가히 이 정도였으며, 실로 위대했다. 하지만 결점들 또한 그에 못지않았다. 비인간적인 잔인성, '카르타고적 배신'을 넘어서는 배신 행위, 그리고 진실과 명예, 종교를 완전히 무시하고, 서약의 신성성과 다른 사람들이 신성시하는 모든 것을 완전히 무시하는 태도 말이다.

카르타고의 병력을 제2차 포에니 전쟁으로 이끈 인물은 한니발이었다. 리비우스에 따르면, 전쟁의 가장 주요한 원인은 한니발 자신과, 부친 하밀카르로부터 물려받은 로마에 대한 '바르카 가문의 복수심' 때문이었다. 하지만 실제로는 좀더 복잡했다. 스페인에서 카르타고의 힘이 팽창하자 로마는 경계심을 품었고, 기원전 226년경 스페인 북쪽 에브로 강을 경계로 양측의 영역을 확정하는 조약이 체결되었다. 그러나 로마는 스페인의 도시 사군툼(Saguntum)과도 우호동맹을 체결했다. 사군툼은 에브로 강 남쪽으로 100마일 지점에 위치한 도시로, 카르타고의 영역에 깊숙이 들어가 있는 곳이었다. 기원전 219년 한니발이 이 도시를 공격하자, 로마는 이를 완벽한 전쟁의 명분(casus belli)으로 삼았다. 응징 차원에서 로마는 한니발을 넘겨줄 것을 요구했고, 카르타고가 거절하자 기원전 218년 제2차 포에니 전쟁이 시작되었다. 한니발의 행동은 분명 도발적이었다. 하지만 동맹국을 방어한다는 로마의 주장 이면에 로마 역시 전쟁을 열망하고 있었다. 그리하여 '역사상 가장 기억에 남을 만한 전쟁'(리비우스의 표현)이 시작되었다.

로마는 스페인과 북아프리카에 있는 카르타고의 영토에서 전투를 벌일 작정이었다. 그러나 로마가 군대를 소집하는 동안, 한니발은 이미 알프스 산맥을 향해 행군하고 있었다. 이탈리아 반도를 침공함으로써 로마의 병력과 자원에 직접 타격을 입히기로 마음먹었던 것이다. 한니발은 통신 두절과 위험을 무릅쓰고 거친 산맥을 넘기로 했다. 알프스 산맥의 산길을 통과하는 동안 절반 이상의 군사와 많은 코끼리들이 사망했다. 그러나 한니발은 살아남은 약 2만에 달하는 스페인과 아프리카의 노련한 보병대, 그리고 상당수가 누미디아 출신인 6,000명의 출중한 기병대와 함께 이탈리아로 들어갔다. 갈리아 키살피나(Gallia Cisalpina), 즉 알프스 산맥 남쪽의 북부 이탈리아 지역은 제1차 포에니 전쟁이 끝난 후에야 로마가 수년에 걸쳐 정복한 지역이었다. 그 지역의 갈리아인은 반란을 일으켰으며, 한니발 군대에 합류하여 남쪽으로 행진했다.

한니발의 누미디아 기병대는 기원전 218년 11월 티키누스(Ticinus) 강 근처에서 벌어진 소규모 접전에서 승리했다. 집정관 셈프로니우스 롱구스(Sempronius Longus)가 지휘하는 로마의 주력 야전군이 도착하기 전이었다. 자신만만하게 승리를 장담하던 로마인들은 기원전 218년 12월 지독히 추운 날 아침 트레비아(Trebia) 강을 건너 한니발을 공격했으나 2만 명의 군사를 잃고 완패했다. 한니발은 생포한 모든 이탈리아인 포로들을 몸값을 받지 않고 즉시 석방했다. 그는 로마의 동맹국들을 '해방'한다고 선포했다. 이 단계에서 한니발의 선전 구호는 거의 영향을 끼치지 않았다. 겨울이 지나기를 기다린 후에, 두번째 로마군이 그를 상대하기 위해 진군해왔다. 지휘관은 기원전 217년 새로이 집정관에 선출된 가이우스 플라미니우스(Gaius Flaminius)였다. 에트루리아 지방으로 한니발을 추격해온 로마인들은 트라시메네(Trasimene) 호숫가 근처로 이동했으나 함정에 빠졌다. 안개가 자욱한 어느 날 아침, 한니발의 누미디아 기병대는 로마군의 후위를 가로막았다. 1만 5,000명의 로마 군사가 전투에서 사망하거나 익사했다. 여기에는 플라미니우스도 포함되어 있었다.

비상사태에 처한 로마는 독재관으로 퀸투스 파비우스 막시무스(Quintus Fabius Maximus)를 임명했다. 별명이 '지연시키는 자(Cunctator)'였던 파비우스는 새로운 전략을 채택했다. 접전을 피하고 시간을 질질 끎으로써 한니발을 괴롭히는 것이었다. 비로마적인 이러한 전략은 로마인에게 전혀 인기가 없었다. 게다가 파비우스는 남부 이탈리아로 은밀히 이동하는 한니발을 막지 못했다. 기원전 216년에 새로운 집정관들이 선출되었다. 루키우스 아이밀리우스 파울루스(Lucius Aemilius Paullus)와 가이우스 테렌티우스 바로(Gaius Terentius Varro)는 군대를 이끌고 칸나이(Cannae) 평원에서 한니발과 대적했다. 병력의 열세에도 불구하고 한니발은 가까스로 로마군을 에워쌌고 덫에 걸린 로마 군사들을 살육했다. 5만 명가량의 로마군이 사망했다. 이는 지난 한 세기가 넘는 기간에 로마 공화정이 겪은 패배로서는 최대의 패배였다. 이제 한니발은 로마에서 6마일 떨어진 지점까지 진격했다.

칸나이 전투는 한니발의 성공의 정점이었고, 군사적 천재로서의 명성을 각인시켰다(그의 전술은 오늘날까지도 장교 훈련 과정에서 가르친다). 이제 한니발의 선전 구호가 영향력을 발휘하기 시작했다. 한니발은 로마의 동맹국들 중 상당수, 특히 남부 이탈리아의 그리스 식민지들과 시칠리아의 시라쿠사 등을 자기편으로 끌어들일 수 있었다. 하지만 자원 부족 때문인지,

아니면 알 수 없는 이유로 주저한 탓인지 로마 시를 직접 공격하지 못했다. 칸나이의 참사가 일어난 후에도, 로마의 이탈리아 반도 동맹국들 중 대다수는 충성을 유지했다. 한니발로 인해, 1년마다 행정관을 선출하는 공화정 체제의 약점이 노출되었다. 로마는 이제 다시 '지연시키는 자' 파비우스 막시무스에게 고개를 돌렸다. 그는 좀더 공격적인 인물인 마르쿠스 클라우디우스 마르켈루스(Marcus Claudius Marcellus)를 동료로 삼아 지휘권을 회복했다. '로마의 방패와 칼'로 환영을 받았던 이 두 인물은 로마를 회복하기 위한 조처를 취했다. 한니발은 자신의 위대한 승리들을 통해 고작 3년 동안에 7만 명 이상의 로마인들을 살해한 상태였다. 기원전 212년경 이탈리아, 시칠리아, 그리고 스페인의 전장에는 20만 명의 로마 병사들이 있었다. 약 5만 명의 병사들을 배치한 것은 단지 그들보다 수적으로 우세한 한니발을 지켜보기 위해서였다. 이들은 결코 싸움을 거는 일이 없이 한니발의 이동을 제한하고 그에게 가담한 이들을 격파할 뿐이었다. 이로 인한 부담은 엄청났다. 그러나 제1차 포에니 전쟁 때와 마찬가지로 로마인들은 결코 포기하지 않았다.

한니발을 견제하고 있는 상태에서, 로마인은 다른 전장으로 시선을 옮겼다. 기원전 211년 마르켈루스는 반란을 일으킨 도시 시라쿠사를 점령했다. 시라쿠사 공성전은 매우 어려

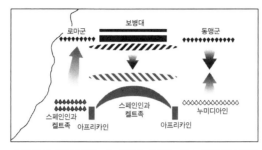

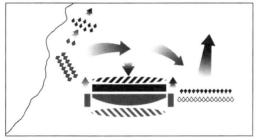

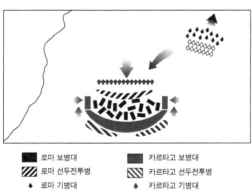

| ■ 로마 보병대 | ■ 카르타고 보병대 |
| ▨ 로마 선두전투병 | ▧ 카르타고 선두전투병 |
| ◆ 로마 기병대 | ◆ 카르타고 기병대 |
|  | ◇ 카르타고 경기병대 |

5. 칸나이 전투의 전략도.

였는데, 무엇보다도 아르키메데스가 발명한 뛰어난 기구들 때문이었다. 전하는 바로는 이 기구들에는 로마의 배들을 물에서부터 끌어당기는 갈고리 모양의 도구, 소형 철제 다트를 쏘아대는 '전갈들'이 포함되었다. 아르키메데스는 도시가 함락될 때 한 병사에게 살해되었다. 이 승리로 인해 로마는 시칠리아에 대한 통제권을 확보했다. 마르켈루스 자신은 이후 기원전 208년에 한니발의 매복 공격에 걸려 살해되었다. 그 직후 카르타고인은 한니발의 군대에 증원군을 보냈다. 이들은 기원전 207년 메타우루스(Metaurus) 강에서 전멸했고 한니발의 동생 하스드루발의 머리가 한니발의 진영에 던져졌다. 이 무렵에는 이탈리아 전장보다 스페인이 더 부각되었다. 이베리아 반도에서 결정적인 사건들이 펼쳐지고 있었던 것이다.

한니발이 알프스 산맥을 넘어 이탈리아로 들어온 이후, 로마의 장군들인 푸블리우스 코르넬리우스 스키피오와 그나이우스 코르넬리우스 스키피오는 스페인에 있는 카르타고의 영토에 공격을 개시했다. 기원전 211년 이 두 형제는 전투에서 살해되었다. 그들을 대신하여 푸블리우스의 아들인 또다른 푸블리우스 코르넬리우스 스키피오가 지휘관으로 선택되었다. 그는 24세의 청년으로 이같은 조치는 로마 역사상 전례없는 일이었다. 청년 스키피오는 지휘권이 딸린 직위를 보유한 적이 없었으며, 당연히 고위 행정관 직에 입후보할 경력을 갖추지도 못했다. 하지만 인기 있고, 용감하고, 훌륭한 군인이었다. 지휘권을 잡은 스키피오는 즉각 스페인에서 군대를 재조직했다. 그는 '글라디우스(gladius: 스페인의 단검)'와 '필룸(pilum: 장창)'을 도입했다. 또한 로마 군단의 대형을 좀더 융통성 있게 변형했다. 즉 3열로 정렬된 120명의 보병중대를 기반으로 하여 한 군단을 총 4,200명으로 편성했다. 이처럼 유연한 대형은 스페인의 거친 지대에 대단히 적합했다. 그리고 이후 좀더 경직된 그리스의 밀집보병대에 맞서 싸울 때에도 마찬가지로 효과적임이 드러날 터였다. 그의 새로운 군대와 함께 스키피오는 5일 만에 250마일을 주파하여, 노바 카르타고(Nova Carthago: 오늘날의 카르타헤나Cartagena)에 있는 카르타고의 사령부를 기습공격할 준비를 갖추었다. 해안 쪽 방비가 취약하다는 사실을 알아차린 스키피오는 기원전 209년에 수위가 낮아진 얕은 갯벌을 지나 도시를 점령했다. 노바 카르타고를 함락함으로써 로마는 근처에 있는 풍부한 은광들을 장악하게 되었다. 기원전 205년경에 카르타고는 스페인에서 철수할 수밖에 없었다.

로마로 귀환한 스키피오는 기원전 205년에 영웅으로 환대받았다. 대중의 지지에 편승해 집정관에 올랐고, 예정되어 있던 북아프리카 공격의 지휘권을 갖게 되었다. 파비우스 막시무스가 이끄는 나이 많고 좀더 보수적인 원로원 의원들이 이에 반대했으나 소용이 없었다. 로마군이 아프리카에 상륙하자, 한니발은 카르타고 본토를 지키기 위해 소환에 응했다. 카르타고 본국은 한니발이 30년 넘게 가보지 않은 곳이었다. 스키피오는 외교를 통해 누미디아인의 지원을 얻어냈다. 기원전 202년 자마(Zama)전투가 벌어졌을 때, 한니발은 예전과는 달리 상대보다 우월한 기병대를 확보하지 못했다. 잘 훈련된 로마 보병대는 대형을 좌우로 벌려 한니발의 코끼리 부대를 통과시킴으로써 피해를 입지 않았다. 격렬한 싸움 끝에 스키피오가 승자가 되었다. 한니발은 살아남아 강화조약을 요청했다. 조약에 따라, 카르타고는 50년 분할로 1만 탈렌트의 배상금을 지불해야 했으며, 북아프리카 이외에 있는 모든 영토를 상실했다. 도시국가 카르타고는 살아남았으나 치명상을 입었다. 스키피오는 로마가 이제껏 보지 못한 가장 거대한 개선식을 거행했다. 그는 승리를 기념하여 '아프리카누스'라는 이름을 갖게 되었다.

제2차 포에니 전쟁으로, 어려움을 극복해나가는 로마 공화정의 탄력성과 함께 이탈리아의 동맹국들에 고취시킨 놀라운 충성심이 재확인되었다. 한니발의 천재성은 견줄 상대가 없었으며 그의 업적은 무엇보다 인상적이었다. 하지만 제1차 포에니 전쟁 때처럼, 로마는 시련을 견디고 승리를 일구어냈으나 그 과정에서 커다란 대가를 치렀다. 두 차례의 전쟁에서 엄청난 인력을 잃었고, 이는 압도적 농업 사회에 불가피하게 영향을 끼쳤다. 인구는 시간이 지나면 회복된다. 그러나 사회적 격변은 로마의 팽창으로 인한 부의 증대와 결합해 다음 세기에 로마의 내부 위기를 심화시키는 데 결정적인 역할을 했다.

공화정에 있어서 이에 못지않게 중요한 변화는, 최초로 한 개인의 권위와 '영광'이 원로원의 집단 지배권을 위협할 정도의 위력을 지니게 되었다는 점이다. 자마 전투를 치르기 전인 기원전 205년에 스키피오는 집정관이 되었으며, 당시 막 30대에 이른 나이였다. 그는 집정관에 선출되기 전에 보통 요구되던 하위 관직들을 전혀 거치지 않았고, 파비우스 막시무스 같은 연로한 동시대인들을 제치고 지휘권을 부여받았다. 대규모 개선식과 아프리카누스라는 이름에 함축되어 있는 스키피오의 전례 없는 경력으로 인해 모든 원로원 엘리트의 경쟁은 더욱더 격화되었다. 그후 사태가 어떻게 전개되었는지를 알고 있기 때문에, 우리는 스키피오 아프리카누스가 공화정기의 막강한 '군사 지도자들' 중 최초의 인물이었음을 깨닫게 된다. 막강한 '군사 지도자들'이란 자신의 카리스마, 부, 그리고 '영광'을 통해 원로원 집단과 경쟁할 지위를 갖게 된 인물들을 말한다. 아직은 집단적 권위라는 공화정의 원칙이 강하게 유지되고 있었다. 그러나 다른 사람들이 스키피오의 업적에 도전할 터였다. 이는 로마 엘리트들 사이의 경쟁 심리에 비추어 불가피해 보였다. 공화정의 마지막 두 세기 동안에 등장한 군사 지도자들의 오랜 계보는 율리우스 카이사르와 황제 아우구스투스에게서 정점을 찍었다.

## 카르타고를 파괴해야 한다

로마와 카르타고는 기원전 2세기에 마지막으로 충돌하게 되었다. 비록 제3차 포에니 전쟁이라는 명칭이 붙어 있지만, 이는 사실 양국의 오랜 경쟁을 결말짓는 슬픈 후기 같은 것이었다. 기원전 202년 이후 한니발은 카르타고를 부분적으로 회복하고 있었다. 그러나 기원전 195년 로마가 한니발을 넘겨달라고 요구하자 이를 피하기 위해 망명길에 올랐다. 제2차 포에니 전쟁의 항복 조건에는 카르타고의 군사 행동 금지 조항이 포함되어 있었다. 이것을 이용한 쪽은 이웃한 누미디아였다. 누미디아는 여러 차례 카르타고의 영토를 점령했다. 로마에 보내는 카르타고의 모든 호소는 무시되었다. 배상금의 마지막 분할금을 지불한 뒤인 기원전 151년, 카르타고는 누미디아에 반격을 가했다. 이에 대응하여 로마인들은 진상을 조사하기 위해 사절단을 파견했다. 사절단을 이끈 것은 강경파 원로원 의원인 대(大)카토였다. 대카토는 카르타고가 로마를 위협할 거라는 확신을 갖고 귀국했다. 이때 이후 원로원에서 연설할 때마다 저 유명한 구절, '카르타고를 파괴해야 한다 (Carthago delenda est)'로 끝을 맺었다.

기원전 149년 로마는 또다시 카르타고에 파병했다. 카르타고인은 로마의 모든 요구에 굴복했다. 300명의 인질을 넘겨주었고 모든 무기를 양도했다. 그러나 로마인은 그들에게 본국을 포기하고 해안으로부터 10마일 이상 떨어진 곳에 새로운 도시를 건설하라고 요구했다. 이는 받아들일 수 없는 요구였고, 필사적으로 싸울 수밖에 없었던 카르타고인은 3년 동안 영웅적으로 저항했다. 결국 로마인은 낙담한 상태에서 집정관 직을 맡기에는 너무나 젊은, 떠오르는 기수를 집정관으로 맞아들여야만 했다. 그는 스키피오 아프리카누스의 입양한 손자인 푸블리우스 코르넬리우스 스키피오 아이밀리아누스(Publius Cornelius Scipio Aemilianus)였다. 그의 지휘하에 로마는 카르타고를 기원전 146년에 함락시켰다. 도시는 파괴되었고, 살아남은 사람들은 노예가 되었다. 토지는 저주를 받았고, 소금이 뿌려졌다. 카르타고의 북아프리카 영토는 이제 로마 공화정의 속주가 되었다.

제 5 장

---

지중해의
여왕

　카르타고에 승리한 이후 로마는 서부 지중해의 가장 주요한 세력이 되었다. 제1차 포에니 전쟁과 뒤이은 시기에 로마는 시칠리아와 사르디니아에 대한 지배권을 획득했다. 제2차 포에니 전쟁 이후에 로마의 영향력은 북아프리카와 스페인으로 확대되었다. 로마의 아프리카 속주는 기원전 146년에 비로소 확립되었지만, 시칠리아와 사르디니아는 각각 기원전 241년과 기원전 237년에 로마의 손에 들어갔고, 근(近)스페인 속주와 원(遠)스페인 속주는 기원전 197년에 창설되었다. 이들 속주의 경계 너머에서도 로마 공화정은 정치적·군사적·경제적 우위를 내세워 압력을 행사했다. 서지중해 지역에는 여전히 로마의 지배에 저항하는 민족들이 있었기에 로마 군대는 계속해서 적대적인 스페인 부족들, 그리고 나중에는 갈리아 지역의 켈트 족을 제압하기 위해 원정을 해야 했다. 그러나 카르타고가 패배한 이후에는 서방의 어떤 경쟁 세력도 공화정에 직접적인 위협이 되지는 못했다.

## 로마가 헬레니즘 세계에 들어가다

그러나 고대 지중해 세계의 전통적인 세력 중심지들은 동방에 있었다. 기원전 200년 무렵에는 그리스 도시국가들의 영광스러운 날들도 과거 속에 묻혀 사라져버렸다. 하지만 그리스의 언어와 문화는 여전히 문명화를 가늠하는 기준으로 남아 있었다. 알렉산드로스 대왕의 정복 이후에 동지중해 세계는 계속 이름이 달라지는 수많은 왕국들, 동맹들, 그리고 도시들로 분할되었다. 기원전 2세기를 거치는 동안 로마는 이렇게 복합적인 헬레니즘 세계를 지배하게 되었다. 로마의 군대는 그리스의 자유를 지키려고 노력했던 사람들을 진압했지만, 로마인은 그리스 문화에 존경심을 품었고 로마에는 그리스의 새로운 교양이 들어왔다. 한편 로마의 동방 정복은 한계에 다다른 공화정의 기본 구조에 새로운 압박을 가했다.

알렉산드로스 대왕은 기원전 323년에 사망하면서, 자신의 방대한 정복지를 '가장 강한 자에게' 남겨놓았다. 그의 휘하

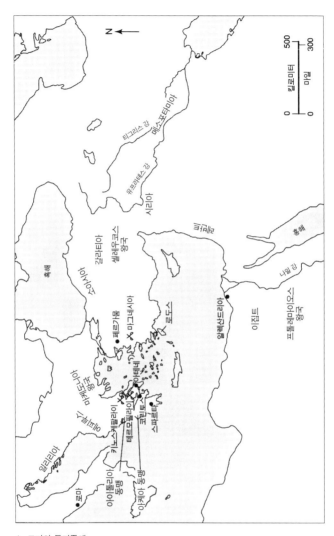

6. 로마와 동지중해.

장군들이 지배권을 다투었고 제국은 산산조각이 났다. 기원전 3세기 말경에 세 개의 주요 왕국이 나타났다. 안티고노스 왕조하의 마케도니아, 셀레우코스 왕조하의 시리아, 그리고 프톨레마이오스 왕조하의 이집트였다. 그리스는 도시들이 연합하여 형성한 동맹들에 의해 지배되었다. 특히 코린토스 만 북쪽의 아이톨리아 동맹과 펠레폰네소스 반도의 아카이아 동맹이 강력했다. 스파르타와 아테네를 포함한 몇몇 도시들은 독립을 유지했으나 정치적 중요성은 거의 상실했다. 다른 국가들로는 무역 중심지인 로도스(Rhodes) 섬과 소아시아의 페르가뭄(Pergamum) 왕국 등이 있었다. 그리스 역사의 전 기간에 걸쳐 항상 그래왔듯이, 각국은 지속적인 전쟁과 계속 변하는 동맹들의 그물망에 얽혀 있었다. 로마는 거의 아무런 준비 없이 그러한 세계 속으로 들어간다.

군사적·정치적 힘에서 로마 공화정에 대적할 만한 그리스 도시국가는 거의 없었다. 그럼에도 불구하고 로마에 있어 그리스는 대단한 의미를 지니고 있었다. 수세기 동안 그리스 문화는 지중해 세계를 지배했고 그리스인은 문명의 심판자로 인정받았다. 로마인은 단순히 그리스인을 정복하기를 원치 않았다. 로마인은 그리스인이 자신들을 야만인(barbaroi)이 아니라 문명 세계의 일부로 받아들이길 원했다. 그리스의 인정을 받고자 하는 욕구는 그리스 사태에 개입하려는 로마에 심각한 영향을 끼쳤다. 하지만 로마 공화정은 여전히 매우 야심적인 원로원 엘리트들이 이끄는 공격적이고 제국주의적인 세력이었다. 이같이 서로 다른 요소들이 빚어낸 긴장은 결국 동지중해를 로마의 손아귀에 밀어넣은 길고도 비극적인 사건들에 지속적인 영향을 끼쳤다.

로마가 동지중해의 헬레니즘 문화와 최초로 직접 접촉하게 된 계기는 기원전 3세기 초 피로스왕이 이탈리아를 침입한 사건이었다. 이렇게 폭력적인 경험 이후 로마는 좀더 급박한 카르타고의 위협에 직면했기 때문에, 동방에 대해서는 매우 천천히 관심을 기울이기 시작했다. 로마가 처음으로 아드리아해를 건너 맞은편 지역에 진출한 것은 제1차 포에니 전쟁과 제2차 포에니 전쟁 사이의 기간이었으며, 그나마 일리리아(Illyria) 해안 지역에 국한되었다. 그럼에도 불구하고 로마는 마케도니아의 왕 필리포스 5세의 견제를 받게 되었다. 자신의 세력 범위 내에 로마가 개입하는 사태를 막기로 한 필리포스 왕은 칸나이 전투 이후 한니발과 상호 협력 조약을 맺었다. 그는 한니발을 돕기 위해 직접 행동에 나서지는 않았고, 이른바 제1차 마케도니아 전쟁은 기원전 205년에 평화협상으로 종결되었다. 그러나 로마인은 필리포스 왕을 잊지도, 용서하지도 않았다. 기원전 202년 카르타고가 패배하자, 기원전 200년에 로마는 마케도니아에 전쟁을 선포했다.

　여기서 잠시 멈추어, 제2차 마케도니아 전쟁을 개시하기로 한 로마의 결정에 어떤 의미가 있는지 생각해볼 필요가 있다. 기원전 200년에 로마와 동맹국들은 지쳐 있는 상태였다. 제2차 포에니 전쟁은 간신히 종결되었고, 자마 전투가 끝난 지는 불과 2년밖에 안 되었다. 그런데 이제 공화정은 알렉산드로스 대왕의 조국을 도발했다. 왜 그랬을까? 복수하려는 욕구가 분명 작용했을 것이다. 또한 공격해올 가능성이 있는 마케도니아에 선제공격을 가해 자국을 방어하려는 동기도 있었을 것이다. 로마는 자국이 이탈리아뿐 아니라 그리스에 있는 동맹국들을 지원하고 있음을 확신시켜야 한다고 느꼈다. 그리스에서 많은 도시들이 로마의 도움을 요청하고 있었기 때문이다. 뿐만 아니라 로마가 그리스인에게 받아들여지길 바랐던 점도 고려해야 한다. 그렇기 때문에 로마인은 필리포스 5세에게 그리스인은 로마의 보호 아래 있으므로 그리스에서 철수하라고 요구했던 것이다. 하지만 이러한 모든 요인들이 얽혀 있음에도 불구하고, 로마 민중들은 싸우기를 원치 않았다. 왜냐하면 공화정의 역사상 거의 유일하게도 기원전 200년에 켄투리아 회가 전쟁 선포를 위한 집정관들의 요청에 승인을 거부하였기 때문이다. 재빨리 두번째 켄투리아 회가 소집되었고, 민중은 설득을 당했으나 민회가 주저했다는 것은 다음의 사실을 드러낸다. 즉 실제로 군사행동을 원한 것은 엘리트 내의 특정 집단, 특히 현직 행정관들이었다는 사실이다. 그들은 오로지 전쟁을 통해서만 스키피오 아프리카누스에게 필적할 수 있었으며, 자신들의 경쟁 심리에 의해 촉발된 지위와 '영광'을 획득할 수 있었다.

그리스인은 로마 군단의 도착을 환영했다. 그리고 아이톨리아 동맹과 아카이아 동맹은 결집하여 로마를 지지했다. 전쟁 과정은 그리 간단하지 않았다. 마케도니아는 강력한 왕국이었고, 처음에 로마 군대는 제한된 성공만을 거두었을 뿐이다. 제2차 포에니 전쟁 때 스키피오를 임명한 것처럼, 이번에도 해결책은 설사 공화정의 전통을 거스른다 할지라도 승리를 거두기에 적합한 인물을 선출하는 것이었다. 기원전 198년에 티투스 퀸크티우스 플라미니누스(Titus Quinctius Flamininus)가 집정관에 선출되었다. 그는 그리스 문화를 사랑했고 그리스어를 유창하게 구사했다. 그러므로 그리스인의 지지를 얻어내고 로마의 문명화된 이미지를 고양하는 데 이상적인 선택이었다. 하지만 플라미니누스는 이제 막 30대에 들어선 젊은 귀족으로, 이전에 단지 재무관 직만을 역임했을 뿐이다. 스키피오의 경력은 공화정 체제를 뒤흔드는 전례가 되었던 것이다.

플라미니누스는 교양 있는 사람이었으나, 역시 로마의 귀족인지라 군사적 '영광'을 원했다. 기원전 197년 그는 마침내 키노스케팔라이(Cynoscephalae) 전투에서 필리포스 왕을 물리쳤다. 고대 세계의 군사 역사에서 키노스케팔라이 전투는 방어술의 변화를 확인시켜주는 사건이었다. 스키피오가 발전시킨 융통성 있는 군단 대형은 경직된 마케도니아 밀집보병대보다 우월함을 입증했다. 필리포스는 그리스에서 철수했다. 그리고 모든 사람은 로마의 결정을 기다리며 숨을 멈추고 있었다. 로마의 결정은 기원전 196년 코린토스에서 열린 이스트미아 경기(Isthmian Games)에서 내려졌다. 그곳에서 플라미니누스는 그리스 국가들의 대표들이 모인 자리에서 '그리스의 자유'를 선언했다.

로마 원로원과 대행 집정관인 티투스 퀸크티우스 플라미니누스는 필리포스 왕과 마케도니아인을 전투에서 격파했다. 그리고 다음의 국가들과 도시들로 하여금 자유롭고, 주둔군이 배치되지 않으며, 전혀 세공에 종속되지 않고, 선조들의 법을 완전히 향유하게 하도록 한다. 즉 코린토스인, 포키스인, 로크리인, 에우보이아인, 프티아 지역의 아카이아인, 페레비아인.

플루타르코스의 『플라미니누스 전기』에 따르면, 울려퍼지는 기쁨의 탄성 소리가 너무나 커서 머리 위를 나르던 까마귀들이 땅에 떨어져 죽었다고 한다. 그리스인은 심지어 플라미니누스를 신으로 경배하기도 했다. 로마 귀족 중에 이런 숭배를 받은 인물은 없었다. 플라미니누스에 대한 숭배 의식은 이후 3세기가 지난 플루타르코스의 시대에도 여전히 지속되고 있었다.

'자유'는 인간의 전 역사를 통해 선전 구호가 되었으며, 그리스 세계에서 특별한 반향을 불러일으켰다. 왜냐하면 개별 도시국가들은 오랜 기간 각자의 자치를 위해 투쟁했으며, 헬레니즘 세계의 왕들은 비록 말뿐이었지만 항상 자신들이 그러한 이상을 실현하겠노라 주장해왔기 때문이다. 로마도 마찬가지였다. 예외라면, 로마의 경우 약속을 실천에 옮겼다는 사실이다. 기원전 194년 그리스에 있는 로마의 모든 군대가 철수했다. 주둔군도, 세공도, 새로운 로마의 속주도 생기지 않았다. 부분적으로는 현실적인 문제 때문이었다. 공화정은 그리스를 직접 통치하기 위해 필요한 상비군도, 관료들도 제공하지 않아도 되었다. 이는 한편으로 그리스인과 그리스 문화에 대한 존경심에서 비롯된 조처이기도 했다. 로마는 이런 존경심을 서방의 이웃 민족들에게는 결코 보여주지 않았다. 기원전 2세기 내내 스페인에 있던 로마 공화정의 군대들은 '영광'과 약탈을 위해 숱한 전쟁을 벌였다. 이 전쟁들의 특징은 잔인성, 황폐화, 그리고 기만 행위였다. 스페인이 로마의 베트남이라는 표현은 적절해 보인다. 이와 대조적으로 동방의 그리스에서 로마는 처음에 외교에 더 의존했다. 잔인한 행위를 저질렀고, 위협을 받을 때면 무자비하게 대응했지만, 그럼에도 로마 공화정은 여전히 직접 지배를 시도하지 않았다. 로마는 '문명화된' 듯이 보여야 했다. 그리스인의 의견은 중요했다.

군단들이 철수했지만, 기원전 196년의 선언을 통해 확인된 점은 이제 로마가 그리스인들의 보호자로 자처했다는 것이다. 이것은 시리아의 셀레우코스 왕조의 왕이자 헬레니즘 세계의 왕들 중 가장 유명한 안티오코스 3세('대왕')에게는 직접적인 도전으로 받아들여졌다. 안티오코스는 로마의 동맹국인 페르가뭄과 로도스를 두려움에 떨게 한 팽창주의적 지배자였다. 카르타고에서 망명을 떠나온 한니발이 기원전 195년에 안티오코스에게 합류하자 로마의 우려는 더욱 커졌다. 로마의 자유에 점점 환멸을 느끼게 된 아이톨리아 동맹의 지원을 받은 안티오코스 3세는 기원전 191년 그리스로 진격해 들어갔다.

로마는 즉각 대응했다. 안티오코스는 테르모필라이(Thermopylae)에서 로마군에 허를 찔렸다. 일찍이 기원전 480년에 스파르타인이 페르시아인에 저항했던 바로 그곳이었다. 안티오코스는 시리아로 철수했다. 그를 추격한 것은 집정관인 루키우스 코르넬리우스 스키피오였다. 그가 집정관 선거에서 승리한 이유 중 하나는 형 스키피오 아프리카누스가 아우와 함께 복무하겠다고 약속한 데 있었다. 안티오코스의 병력은 로마군의 2배였으나 질적으로 현저히 열등했다. 안티오코스는 한니발에게는 해군사령관 직을 맡겼기 때문에 이렇다 할 전과가 없었다. 결국 안티오코스는 기원전 189년 마그네시아 전투에서 분쇄되었다. 그가 배상금으로 지불해야 했던 1만 5,000탈렌트는 자마 전투 이후 카르타고에 부과된 배상금조차 초라하게 보이게 했다. 이는 동방에서 성공한 로마 지휘관들이 얻을 수 있는 순수한 부의 규모를 보여주고 있다. 전쟁이 끝나자, 로마는 또다시 군단을 철수시켰다. 그러나 그리스와 소아시아에 대한 로마의 지배권은 확고해졌다. 한니발에 대해 이야기하자면, 로마는 안티오코스에게 그를 넘기라고 명령했지만 한니발은 수년간 교묘히 도피하고 있었다. 그러다가 기원전 183년에 비티니아(Bithynia) 근처에서 플라미니누스에게 발각되었다. 한니발은 끝까지 로마에 굴복하지 않은 채 독을 마시고 생을 마감했다.

### 정복된 그리스

이후 약 20년 동안 로마 공화정은 코린토스에서 자유의 선언을 통해 시행한 정책을 지속했다. 그리스에 로마 군대를 전혀 주둔시키지 않았고, 동방의 어떤 지역도 로마의 속주로 만들지 않았다. 로마인의 생활에 끼친 그리스인의 영향은 로마가 이탈리아 남부에 위치한 마그나 그라이키아의 그리스 도시국가들과 처음으로 접촉했을 때부터 지속되었다. 이제 그리스의 영향은 눈에 띄게 증가했다. 그리스의 예술 작품들이 이탈리아로 밀려들어왔고, 그리스 언어와 문학 지식은 로마 엘리트들 사이에서 새로이 중요성을 인정받았다. 노예 혹은 자유민 출신의 그리스 교사들은 로마의 귀족 가정 어디서나 볼 수 있었다. 새로이 혼합된 형태의 그리스-로마 문화가 나타나기 시작했다. 이는 플라미니누스와 스키피오 아프리카누스 같은 그리스 애호가들은 로마에서 그런 변화를 더 부추겼다.

모든 로마인들이 그리스의 영향을 두 팔 벌려 환영하진 않았다. 친그리스주의를 공화정의 전통적 가치들과 남성다움에 대한 위협으로 여기는 사람들이 있었다. 그러한 비판자들 중 우두머리는 대카토였다. 그는 후일 카르타고 파괴를 외친 기수가 되었던 인물이다. 카토 자신은 그리스 문화에 결코 무지한 인물이 아니었다(3세기 전에 페르시아인이 사용한 전략을 반복하여, 테르모필라이에서 안티오코스에게 우회 공격을 가함으로써 허를 찌른 이가 바로 그였다). 그러나 카토와 지지자들은 그리스인이 열등하다고 보았으며, 그들의 영향으로 로마의 가치들이 타락할까 염려했다. 기원전 155년 아테네로부터 철학자들의 사절단이 로마에 왔다. 회의론자이며 플라톤의 아카데미

학파의 수장이었던 카르네아데스(Carneades)는 두 번의 공개
연설로 물의를 일으켰다. 그는 처음에 정의를 옹호하는 논리
를 펼쳤다. 그리고 다음날에는 자신의 논리를 반박했다. 카토
는 카르네아데스가 로마의 청년들을 그릇된 길로 이끌 수 있
다고 주장하며 사절단을 본국으로 귀환시켰다. 사소한 일화
지만, 이 사건은 로마 내부의 충돌을 상징한다. 플라미니누스
와 스키피오에 반대하는 카토 같은 인물들은 기원전 170년대
부터 공화정이 그리스인에게 취한 좀더 강경한 정책들을 지
지했다.

　로마는 그리스 문화에 존경심을 품었지만 그리스인들도 로
마의 권위를 인정하려 했다. 그리스 국가들은 로마의 이탈리
아 동맹국들과 마찬가지로 스스로를 '자유롭게' 지배할 수 있
었다. 또한 동맹국들과 마찬가지로 조용히 안정을 유지하다
가 명령을 받을 때에만 행동하리라는 기대를 받았다. 하지만
그리스인의 생각은 달랐다. 그리스 세계는 경쟁자들이 항상
변하고 국지적 충돌이 연속되는 역사를 이어왔고, 이는 로마
가 도래한 이후에도 변하지 않았다. 로마 원로원에는 그리스
인들 사이의 충돌을 로마가 중재해주기를 요청하는 탄원서가
끊임없이 밀려들었다. 시간이 갈수록 체념에 빠지게 된 로마
인은 관련 사건의 정의는 고려하지 않은 채, 먼저 탄원한 쪽이
나 로마의 이익에 맞는 주장을 펴는 쪽을 지지하게 되었다.

로마의 이기심에 희생된 대표적인 인물은 마케도니아의 왕 페르세우스(Perseus)였다. 그는 필리포스 5세의 아들이자 계승자였다. 페르세우스는 마케도니아를 억누르려는 원로원이 내린 부당한 결정들 때문에 계속 고통받았다. 그리스의 문제에 로마가 개입하는 것을 반대하는 동방의 주민들은 마케도니아가 지도력을 발휘해주리라 기대했다. 그러므로 로마인의 눈에 페르세우스는 주요한 위협이 되었다. 주둔군도, 세공도, 속주 통치자도 없었으므로, 그리스인에 대한 로마의 영향력은 로마 세력에 대한 그리스인의 승인에 달려 있었다. 하지만 이는 반로마 감정이 고조되면서 기대할 수 없게 되었다. 그 결과 기원전 172년 로마에 의해 제3차 마케도니아 전쟁이 일어났다. 우리가 가진 주요 사료들, 즉 폴리비오스와 리비우스가 서술한 역사에는 로마인이 그리스인을 공격한 사태를 애써 합리화하려 했음이 반영돼 있다. 페르세우스는 싸울 의사가 없었음이 분명하다. 사실상 페르세우스는 두 번의 소규모 전초전에서 승리를 거두었지만 즉각 항복 의사를 전하고, 강화의 대가로 배상금 지불을 제의했다. 로마는 거절했다. 로마의 입장에서는 마케도니아의 힘을 완전히 꺾어두어야 했다. 기원전 168년 페르세우스는 피드나(Pydna) 전투에서 패배했다. 패전 후 마케도니아 왕조는 붕괴되었고, 결국 네 개의 허약한 공화국으로 나누어졌다. 이들 공화국은 각각 로마에 세공을 바쳤다.

하지만 이러한 단계에 이르러서조차도 로마는 동방에서 영토를 획득하거나 새로운 속주를 만들려는 욕심은 부리지 않았다. 로마는 자신의 세력을 승인받기를 원했다. 마케도니아가 파괴된 이후 로마는 잔인한 조치를 취했다. 아이톨리아의 지도층 인사 500명이 처형되었다. 1,000명의 아카이아인이 이탈리아에 볼모로 끌려갔다. 그중에는 훗날 역사가가 된 폴리비오스도 포함되어 있었다. 과거 피로스의 왕국이었던 에페이로스 지역은 훨씬 큰 고통을 받았는데, 15만 명이 노예가 되었다. 로마는 또 페르가뭄과 로도스의 세력을 축소시켰다. 그러나 로마의 권위를 가장 생생하게 증언하는 사건은 한 개인과 관련된 일이었다. 로마의 관심이 다른 곳에 집중되어 있을 동안, 시리아의 왕 안티오코스 4세는 프톨레마이오스 왕조 치하의 이집트를 침공했다. 그는 알렉산드리아 근처에서 가이우스 포필리우스 라이나스(Gaius Popillius Laenas)가 이끄는 로마 사절단을 만나게 되었다. 안티오코스 4세는 철수하라는 원로원의 명령을 받았다. 그러자 왕은 자신의 참모들과 협의할 시간을 달라고 요청했다. 라이나스는 손에 들고 있던 막대기로 왕을 둘러싼 둥그런 원을 그었다. 그리고 말했다. "당신이 원 밖으로 나오기 전에, 나에게 원로원에 전할 대답을 달라."(리비우스) 안티오코스는 로마의 의지에 굴복했다.

6. 로마의 포룸 보아리움에 있는 '승리자' 헤라클레스의 신전. 루키우스 무미우스가 헌
   정한 것이다.

기원전 167년경 로마의 세력에 의문을 품거나 도전할 수 있는 그리스 국가는 없었다. 폴리비오스는 로마에 볼모로 머물면서 『역사』를 집필했다. 그는 동포 그리스인들에게 로마의 권위를 받아들이고 '로마에 반대한 자들을 기다리는' 운명을 피할 것을 촉구했다. 그의 엄중한 판단은 너무나 정확했다. 상대적으로 평화로웠던 약 20년이 지난 후, 마케도니아 공화국들은 안드리스쿠스(Andriscus)라는, 왕위를 요구하는 자의 선동에 따라 기원전 149년에 반란을 일으켰다. 반란은 진압되었고 마케도니아는 마침내 로마의 속주가 되었다. 그 직후 아카이아 동맹은 스파르타와 충돌하게 되었다. 로마는 이제 그만하면 충분하다고 생각했다. 카르타고가 파괴된 해, 즉 기원전 146년에 로마 장군 루키우스 무미우스(Lucius Mummius)의 명령에 의해 코린토스가 철저히 파괴되었다. 이로부터 3세기가 지나 그리스 여행가 파우사니아스(Pausanias)가 이 참상을 다음과 같이 회상했다.

처음에는, 비록 성문들이 열렸지만, 무미우스는 코린토스에 들어가기를 주저했다. 성벽 안에 매복한 적이 있지 않을까 의심하였기 때문이다. 그러나 전투가 시작되고 사흘째 되는 날, 그는 코린토스를 습격해 불태웠다. 그곳에서 발견된 사람들 대부분은 로마인들의 칼 아래 죽임을 당했다. 하지만 여자들과 아이들은 노예로 팔아넘겼다. 또한 노예 상태에서 해방되어 아카이아인의 편에서 싸웠던, 그러나 전장에서 아직 죽지 않은 모든 노예들도 팔아넘겼다. 무미우스는 가장 경탄할 만한 봉헌 제물들과 예술 작품들을 탈취했다.

이는 50년 전 코린토스에서 그리스인에게 부여되었던 '자유'를 종식시키기에 적합한 상징적 행위였다. 그리스는 아우구스투스 황제 때까지는 공식적으로 속주가 되지 않았다. 시리아와 이집트도 명목상으로 독립을 유지했다. 그러나 로마 공화정은 이제 그리스 도시국가들, 그리고 알렉산드로스가 유산으로 남긴 지역에 대해 지배권을 행사했다. 수십 년에 걸친 충돌과 오해가 빚어낸 분노는 여전히 부글거리고 있었고, 그리스인과 로마인 사이의 긴장은 결코 완전히 사라지지 않았다. 그러나 길게 보아 두 문화가 만나 얻게 된 혜택이 그동안 치른 비용을 훨씬 능가했다. 로마의 지배는 궁극적으로 동지중해 세계에 평화와 안정, 그리고 번영을 가져다주었다. 몇 세기 후에 그리스어를 말하는 콘스탄티노플의 비잔틴 제국은 스스로 로마의 계승자임을 자랑스럽게 선포했다. 그리스인 쪽에서는 로마에, 항상 기꺼이 그러진 않았지만, 자신들의 문학과 예술을 전해주었고, 로마인의 생활에 세련미와 새로운 자극을 안겨주었다. 아우구스투스 시대의 시인 호라티우스

(Horatius)에 따르면, "정복된 그리스가 야만적인 정복자를 정복했다(Graecia capta ferum victorem cepit)".

# 제 6 장

# 제국의
# 비용

　기원전 146년 카르타고와 코린토스가 파괴됨으로써 지중해 세계에 대한 로마 공화정의 지배권이 재확인되었다. 원로원의 권위나 로마 군단의 군사력을 위협할 수 있는 적은 남아 있지 않았다. 그로부터 약 한 세기가 조금 지나 로마 공화정은 붕괴했다. 공화정이 의존하고 있던 정치적·사회적 균형은 해체되어 로마는 혼란과 내란에 휩싸이게 되었다. 궁극의 권력은 원로원과 로마 민중으로부터 단 한 사람, 즉 황제에게 넘어가게 되었다.

　지극히 실제적인 의미에서 공화정은 자신의 성공의 희생물이 되었다. 공화정은 이탈리아의 소규모 도시국가의 필요를 충족시키기 위해 발전된 정치체제였다. 정치체제로서 이는 놀라운 업적이었다. 안정적이지만 융통성 있고, 집단 지배와 개인 지배 사이에서 균형을 유지했다. 그러나 공화정은 결코 제국 통치를 겨냥한 것은 아니었다. 팽창으로 인해 로마 공화정의 정치 구조와 원로원 엘리트의 집단적 권위는 더욱더 많은 압박을 받았다. 로마의 사회적·경제적 구조에도 강력한 압박이 가해졌다. 초기 로마인은 소규모 농경의 세계에 살고 있었다. 주기적으로 원정에 나서야 했던 농민-병사들로 이루어진 군대는 카르타고와의 오랜 전쟁과 지중해의 동서남북에 걸친 충돌에 적절히 대응하기 위해 노력했다. 로마의 농업 경제는 승전에 따라 들어온 부와 노예들에 의해 변모하지 않을 수 없었다. 이러한 요인들이 로마와 이탈리아에 충분히 영향을 행사하게 된 시기는 기원전 2세기였다. 기원전 1세기에 공화정의 몰락에서 정점을 이룬 일련의 사건들은 이때부터 시작되었다.

### 위기의 씨앗

제2차 포에니 전쟁, 그리고 동방의 그리스로 영향력을 확장한 결과 로마 엘리트들 내부에서 새로운 세대가 출현하게 된다. 스키피오 아프리카누스의 전례 없는 경력은 원로원 의원들 간의 평등이라는 공화정의 근본 정서에 도전장을 내밀었다. 최초로 원로원의 집단 의지를 압도할 정도의 권위와 인기를 누리는 로마 귀족이 등장한 것이다. 하지만 스키피오가 이에 해당하는 마지막 인물은 아니었다. 로마 엘리트들 간의 경쟁 심리로 인해 다른 귀족들도 불가피하게 스키피오에 필적하거나 그를 능가하려고 애쓰게 되었다. 플라미니누스는 (스키피오가 한니발을 무찌른 것처럼) 젊은 나이에 마케도니아의 필리포스 왕을 분쇄했으며, '그리스의 자유'를 선언한 이후 치러진 그의 개선식은 스키피오의 개선식을 방불케 했다. 스키피오는 이제 시리아의 안티오코스 왕을 노린 원정에서 동생을 지원함으로써 자신의 명성을 재확인했다. 이렇듯 점점 고조되는 부와 '영광'에 대한 경쟁은 엘리트 전반으로 확대되었다. 기원전 188년에 잘 알려지지 않은 귀족 그나이우스 만리우스 불소(Gnaeus Manlius Vulso)는 안티오코스 왕과의 전쟁을 이용하여, 시리아에 인접한 갈라티아(Galatia) 지역으로 선전포고도 없이 약탈을 위한 습격을 감행했다. 불소는 원로원의 승인 없이 행동했음에도 불구하고 귀국하여 개선식을 치를 수 있었다. 그러한 이기적 행위들은 이후 로마의 대외 관계에서 반복되었다. 이는 야심적인 귀족들을 통제하기 어려웠을 때뿐 아니라 그들이 로마로부터 멀리 떨어져 있을 때에는 더욱더 그러했음을 선명하게 보여준다.

　기원전 2세기 초에는 원로원의 집단적 권위가 아직은 개별 귀족들을 억제할 수 있었다. 스키피오 아프리카누스조차 안티오코스 왕과의 전쟁에 대한 재정 기록을 제출하라는 요구를 받자, 그는 이렇게 항변했다. "로마 인민이 푸블리우스 코르넬리우스 스키피오를 고발한 자들의 말을 듣는 것은 온당하지 않다. 나를 고발한 자들은 바로 나 스키피오 덕분에 발언권을 갖게 되었으니 말이다."(리비우스) 하지만 그는 결국 자발적으로 망명길에 올랐다. 미래의 귀족들이 스키피오와 플라미니누스가 걸은 길을 따르려는 사태를 방지하기 위한 조치가 취해졌다. 기원전 180년 빌리우스 법에 의해 '관직의 사다리'라는 전통적인 구조가 공식화되었고, 이를 통해 행정관직에 오를 수 있는 법정 연령이 설정되었다. 기원전 151년경에 후속 법안이 마련되어 누구도 집정관 직을 한 번 이상 보유할 수 없게 되었다. 그러나 귀족층의 경쟁 심리는 너무나 강력하여 법적인 조치로는 어쩔 수가 없었다. 스키피오 아이밀리아누스는 제3차 포에니 전쟁에서 불법적으로 집정관에 선출됐으며, 이를 계기로 예외적인 개인들이 연이어 등장하여 원로원의 지배권을 위협했다.

로마의 세력 팽창, 그리고 이를 통해 획득한 부의 영향을 받게 된 계층은 원로원만이 아니었다. 기원전 2세기에는 로마 사회 내에 별도의 집단으로서 기사 계층(equites)이 등장하게 되었다. 본래 기사 계층은, 이름이 시사하듯, 로마군이 소집되었을 때 기병대에서 복무하던 부유한 시민들을 의미했다. 공화정 초기에 여기에는 원로원 출신의 귀족들이 포함되었으며, 원로원 의원들과 기사 계층은 분명하게 구분되지 않았다. 그러나 시간이 지나 로마로 엄청난 부가 유입되자, 상당한 재산을 소유하였으나 오랜 원로원 가문의 지위를 얻지는 못한 별도의 사회 계층이 등장하게 되었다. 마침내 기원전 129년 원로원 의원들은 법에 의해 공식적으로 기사 계층(ordo equester)과 분리되었다. 기사 계층은 행정관 직에 선출되어 원로원 계층에 편입되지 않는 한, 원로원에 속할 수 없었다. 전통적으로 원로원 의원들에게 금지되어 있던, 다시 말해 실제로는 달랐다 해도 적어도 이론상으로는 그러하였던, 공업과 무역업 분야에 기사 계층에 속한 사람들이 종사했다. 또한 기사 계층은 건축 사업과 속주에서의 세금 징수 사업에서 적극적으로 활동했다. 카르타고와 코린토스 같은 거대 무역도시들이 파괴되면서 기사 계층은 더욱 성장했다. 그들은 공화정 후기 로마의 사회와 정치에서 두드러진 역할을 했다.

팽창의 경제적 효과는 로마와 이탈리아 반도의 더 광범한 주민들에게 훨씬 더 큰 영향을 끼쳤다. 모든 고대 사회들과 마찬가지로 로마 공화정 역시 빈부격차가 극심했고, 이는 정복 전쟁들로 인한 부의 유입으로 더욱더 커졌다. 부자는 더욱 부유해졌다. 왜냐하면 전리품 중 더 큰 몫을 챙긴 쪽은 귀족들이었기 때문이다. 가난한 사람들은 고통받았다. 인플레이션으로 인해 물가는 상승하였으며, 노예노동이 차지하는 비율도 확연히 증가했다. 숫자상으로 뚜렷한 차이가 확인된다. 로마의 소농은 1년에 240세스테르티(단수: 세스테르티우스)를 가지면 생활할 수 있었다. 그러나 기사 계층의 구성원은 40만 세스테르티 이상의 재산을 소유해야 했으며, 원로원 의원의 경우 전통적으로 재산을 기준으로 한 최소 자격은 100만 세스테르티였다. 이런 수치들은 군사 지도자들의 등장보다는 덜 흥미로울 수 있지만, 팽창의 경제적 영향은 무엇보다 공화정의 통합과 안정을 위협했다.

농업이 부의 기반이 되는 사회에서 부자들은 새로 획득한 자원을 토지에 쏟아부었다. 노예들이 대토지(latifundia)에 노동력을 제공했으며, 포도주와 올리브유를 생산, 판매하기 위해 포도와 올리브를 재배했다. 노예의 숫자는 엄청났는데, 예컨대 기원전 167년 한 해에만 에페이로스에서 데려온 노예가 15만 명이었다. 그러므로 기원전 1세기 초 스파르타쿠스의 경우에서 볼 수 있듯이, 노예 반란은 심각한 위협이 되었다. 이에 못지않게 중요한 점은, 이러한 귀족의 대토지와 노예노동의 확장은 인구 증가와 더불어 로마 공화정 군대의 중추가 되는 로마와 이탈리아의 소농들에게 압박을 가했다는 것이다. 토지를 소유할 수 없는 이들은 여러 도시들과 로마 시로 흘러들어갔다. 이제 로마 시에서 폭발하기 쉬운 도시 폭도들의 숫자가 늘어날 터였다. 토지가 없는 사람들은 아시두이가 되기 위해 필요한 재산 자격을 충족시킬 수 없었기 때문에, 군대에 복무할 수 없었다.

사료의 제한 때문에 기원전 2세기에 공화정이 직면한 사회적 위기의 정확한 규모를 판단하기는 어렵다. 분명 소농들이 전부 사라진 것은 아니었으며, 예컨대 기원전 146년처럼 필요할 경우 상당한 규모의 군대를 소집할 수 있었다. 그럼에도 불구하고 징집은 골칫거리가 되어갔다. 스페인에서 지속되고 있는 전쟁들은 특히 인기가 없었으며, 기원전 151년과 기원전 137년에는 징집에 반대하여 평민 호민관들이 집정관들을 투옥하기도 했다. 병력 제공과 충성심을 통해 로마의 성공에 결정적 역할을 했던 이탈리아 동맹국들도 불만이 컸다. 그들은 점점 더 길어지는 전쟁, 점점 더 멀어지는 전장에 병력을 제공하도록 요구받았다. 그들은 자기 몫의 전리품을 받았으나, 여전히 어떠한 정치적 발언권도 인정받지 못했다. 공무에서 더 큰 역할을 요구하는 기사 계층의 등장과 도시 폭도의 위협으로 인해 불만은 더욱 커졌다. 이제 필요한 것은 이러한 점화 심지에 불을 붙일 불꽃뿐이었다. 기원전 133년 티베리우스 셈프로니우스 그라쿠스(Tiberius Sempronius Gracchus)가 평민 호민관이 되자 불꽃이 점화되었다.

### 그라쿠스 형제

티베리우스 그라쿠스(기원전 163년경 출생)는 공화정의 최고 귀족층 출신이었다. 이름이 같은 아버지는 집정관 직을 두 번 역임했으며, 어머니는 스키피오 아프리카누스의 딸인 코르넬리아였다. 그러므로 청년 티베리우스는 자신에게 기대되는 성공을 거두어야 한다는 엄청난 압박에 직면했다. 영광에 이르는 관례적인 경로는 전장에서 전공을 세우고 집정관 직에 오르는 것이었다. 그러나 티베리우스는 호민관의 직책을 통해 사회 개혁을 추구하려 했다. 동생 가이우스에 따르면, 티베리우스는 스페인으로 가는 도중 북이탈리아를 거쳐 갔다. 그가 여행할 때,

그 지역이 어떻게 하여 토착 주민들에 의해 버려졌으며, 또 어떻게 하여 야만인 노예들이 경작을 하거나 목축을 하게 되었는지를 직접 목격했다.

티베리우스의 해결책은 단순하지만 탁월했다. 기원전 133년 호민관으로 선출되자, 실업자가 된 소농들에게 토지를 주자고 제안했다. 그리하여 일거에 사회적 긴장을 완화하며, 도시 폭도로 돌변할 이들의 수를 줄이고 동시에 징집 상황을 개선하려 했다. 이를 달성하기 위해 그는 공유지(ager publicus)

7. 코르넬리아와 그라쿠스 형제(1861년).

를 재분배하기를 원했다. 공유지는 이탈리아의 정복 과정에서 차지하게 된 국가 소유의 토지로서 귀족들에게 임대되어 있었다. 법적으로 어떠한 로마인도 500유게라(312.5에이커) 이상의 공유지를 점유할 수 없었으나, 이러한 제한은 오래전부터 이미 무시되어왔다. 티베리우스는 이러한 한도를 초과하는 모든 공유지를 몰수하여 실업 상태의 소농들에게 각각 30유게라(20에이커)씩 분배하고자 했다. 분배받은 토지는 양도가 불가능했기 때문에, 부자들은 이를 되살 수 없었다.

보수적인 농업 사회에서는 토지 소유권에 간섭하는 어떠한 제안도 격렬한 공포를 불러일으킨다. 많은 공유지들은 이미 수세대 동안 개별 가문들이 점유하여 상속하고, 판매하고, 심지어는 가문의 묘지로 사용했다. 티베리우스는 무엇보다 잃을 것이 가장 많은 원로원 귀족들의 반대에 직면했다. 자신의 법안을 지지하도록 원로원을 설득할 수 없었기 때문에, 티베리우스는 호민관의 입법권에 호소하고자 평민회(Concilium Plebis)로 향했다. 이는 불법은 아니었지만, 관례에 따르자면 제안된 법안은 원로원에서 미리 동의를 얻어야 했다. 게다가 티베리우스의 동료 호민관들은 귀족들이었고 평민회에서 그에게 계속해서 맞섰다. 그중 한 사람인 마르쿠스 옥타비우스(Marcus Octavius)는 호민관의 거부권(veto)을 행사했다. 이에 대응하여, 티베리우스는 호민관은 민중에게 봉사해야 한다고 선언했다. "만일 그가 민중의 권력을 폐기한다면, 더이상 호민관일 수 없다." 그러자 옥타비우스는 면직되었고, 평민회에서 끌려나갔다. 이는 전례에 기반하고 있는 공화정의 체제에서는 전례 없는 조처였다. 티베리우스가 제안한 법안은 셈프로니우스 토지법(Lex Sempronia agraria)으로 공표되었다.

새로운 법은 시행될 수 없었다. 토지의 경계 표지는 이미 희미해졌고, 기록은 빈약했으며, 티베리우스 자신은 지속적으로 방해를 받았다. 필사적인 심정으로 그는 예기치 않았던 재원에 의지했다. 기원전 133년 중반에 페르가뭄의 왕 아탈로스(Attalos) 3세는 상속자 없이 사망했고, 자신의 왕국을 로마에 유증했다. 티베리우스는 아탈로스의 금고를 장악하여 토지 분배를 위한 재원으로 사용했으며, 민중이 새로 만들어진 아시아 속주의 조직을 결정해야 한다고 선언했다. 그렇게 함으로써 로마 정부의 조직 전체에 도전한 셈이었다. 왜냐하면 재정과 외교는 항상 원로원의 수중에 있었기 때문이다. 티베리우스가 사적 권력을 탐하고, 심지어 로마가 혐오해온 왕의 지위를 열망한다는 소문이 퍼졌다. 그러나 티베리우스는 개혁을 지속하기 위해 호민관 재선에 도전했다. 이것은 최후의 수단으로서, 행정관 직은 1년 임기라는 공화정의 원칙을 거부하는 것이었다. 그가 재선을 위해 평민회에 출석하자 폭동이 일어났다. 300명 이상이 살해되었으며, 티베리우스는 원로원의 폭도들에 의해 구타당하고 살해되었다. 그의 시신은 티베르 강에 던져졌다.

티베리우스가 사망하자, 그의 토지 개혁 프로그램은 폐기되었다. 기원전 123년 티베리우스의 동생 가이우스(기원전 154년 출생)가 형의 모범을 따라 호민관으로 선출되자 비로소 개혁 프로그램은 부활했다. 누구도 가이우스의 용기에 이의를 제기할 수는 없을 것이다. 왜냐하면 형의 비극적 운명을 목격했음에도 여전히 개혁의 길을 선택하였기 때문이다. 티베리우스처럼 그는 소농들을 돕기 위해 토지를 재분배하고자 했다. 그러나 가이우스의 법안들은 훨씬 더 광범위하였고, 공화정 사회의 모든 계층에 영향을 끼쳤다. 로마 시의 늘어나고 있는 빈민들을 위해 가이우스는 국가의 곡물 판매가를 고정시켰다. 공화정기 로마에는 조직화된 복지나 자선 시스템이 거의 없었다. 그리고 음식과 오락을 통해 사람들을 행복하게 하는 일이 얼마나 중요한지는 이후 제정기의 풍자시인 유베날리스(Juvenalis)가 만들어낸 로마 제국의 '빵과 서커스'라는 표현을 통해 영원히 사람들의 뇌리에 각인되었다. 가이우스는 새로이 성장하고 있던 기사 계층을 지원했다. 그는 로마 속주들의 세금 징수 도급을 조직했는데, 이를 통해 기사 계층이 운영하는 회사들은 국가에 정해진 액수를 지불한 다음에 실제로 세금 징수를 감독하여 원하는 만큼의 이득을 취했다.

뿐만 아니라 그는 원로원 계층의 배심원들 수중에 있던 형사 법정 통제 권한을 기사들에게 주었다. 이는 원로원 계층이 해당 법정을 남용하는 것을 예방했다. 반면 속주 행정은 기사 계층에 개방되었다. 기사들은 자신들의 영리활동을 저지하려는 정직한 원로원 계층의 속주 총독들을 기소할 수 있었고, 또 실제로 기소했다.

가이우스의 광범위한 개혁 프로그램은 엄청난 명성을 안겨 주었으므로 그는 티베리우스와 달리 기원전 122년 호민관에 재선될 수 있었다. 그리고 티베리우스보다 훨씬 더 원로원의 증오심을 불러일으켰다. 도시 대중과 기사 계층에서 가이우스의 인기는 원로원의 권위를 위협했다. 가이우스 개인의 지위가 높아지자, 또다시 그의 과도한 야망에 대한 비난이 거세졌다. 원로원은 점차 가이우스의 인기를 깎아내리기 시작했다. 귀족 출신의 다른 호민관들이 가이우스의 정책들에 반대하거나 선수를 치는 데 동원된 탓에 가이우스는 새로운 지지자들을 구해야 했고, 이로써 이탈리아 반도 동맹국들에게 완전한 로마 시민권을 부여하는 법안을 제안하게 되었다. 이 법으로 이탈리아에서 고조되고 있던 긴장을 완화시킬 수 있었을 것이다. 하지만 귀족들은 물론이고 식량과 일자리를 놓고 경쟁하게 될 사태를 우려하던 로마의 평민들도 이를 반대했다. 가이우스의 입지는 이제 더욱 약화되었다. 기원전 121년에 그가 무장을 한 채 선거에 나오자 대규모 폭동이 일어났다. 원로원은 처음으로 '원로원의 최종 결의(senatus consultum ultimum)'를 통과시켰다. 집정관들에게 공화정을 수호하기 위해 필요한 어떠한 조처도 취할 수 있도록 권한을 부여하는 것이었다. 가이우스의 지지자들 중 3,000명이 살해되었으며, 가이우스 자신은 자살했다. 가이우스의 머리를 가져오는 자는 그 무게만큼의 금을 주겠노라는 약속이 선포되었다. 가이우스의 머리를 차지한 자는, 머리에서 우선 뇌를 제거하고 거기에 납을 부은 다음 그것을 가져가 보상을 요구했다.

후인들은 그라쿠스 형제를 로마 인민을 위한 투사로 기억했으며, 그들의 조상(彫像)들을 세우고 신들의 사당과 마찬가지로 예배 대상으로 삼았다. 그러나 티베리우스와 가이우스가 해결하고자 노력했던 문제들은 여전히 남아 있었다. 논란이 많았던 그들의 행보는 원로원 정부의 안정성을 손상시켰다. 그러므로 그라쿠스 형제는 공화정을 몰락으로 이끈 혼란한 세기의 신호탄을 쏘아올린 셈이었다. 토지 보유, 징집, 그리고 동맹국의 권리를 둘러싼 갈등은 계속 부글거리고 있었기 때문에, 일련의 군사적 위기가 닥치자 군사 지도자들의 시대가 도래하게 되었다. 이들은 원로원의 집단적 권위에 도전했다.

## 군벌의 출현

첫번째 위기는 유구르타 전쟁(기원전 112~105년)을 통해 나타났다. 유구르타는 로마의 아프리카 속주에 인접한 누미디아 왕국의 왕이었는데, 기원전 112년 로마인, 이탈리아인 상인들을 학살하라고 지시했다. 이는 공화정이 응징해야 할 모욕이었다. 군사적으로 유구르타는 로마에 거의 위협이 되지 못했다. 그러나 유구르타는 로마인들의 부패를 이용했고 이는 가히 전설적이었다. 그들의 행위는 악명 높은 발언, 즉 '로마는 팔려고 내놓은 도시이다. 로마에 남은 날들은 구매자가 나타날 때까지일 뿐이다'라는 말로 기억된다. 원로원이 그를 대적하기 위해 보낸 장군들의 무능과 탐욕으로 전쟁은 오래 지속되었다. 결국 기원전 107년 가이우스 마리우스(Gaius Marius)가 집정관으로 선출되어 지휘권을 잡았다. 마리우스는 신인(novus homo), 즉 그의 가문에서 집정관 직에 오른 최초의 인물이었다. 그는 노련한 군인이라는 명성 덕분에 선출되었다. 한편 마리우스는 유서 깊지만 정치적으로 중요하지 않았던 율리우스 씨족 출신으로 율리우스 카이사르의 숙모인 율리아와 혼인한 사이이기도 했다. 유구르타의 군대는 신속히 제압되었다. 그러나 전쟁은 기원전 105년 마리우스의 부관이자 경쟁자인 루키우스 코르넬리우스 술라(Lucius Cornellius Sulla)가 유구르타 왕을 생포함으로써 완전히 종결되었다.

8. 유구르타의 생포를 묘사하고 있는 데나리우스 은화(기원전 56년 주조).

아프리카에서 서서히 전쟁이 끝나가는 동안, 훨씬 더 현실적인 위협이 북쪽에서 밀려왔다. 기원전 2세기 말에 게르만인 부족들이 갈리아와 북부 이탈리아 지역으로 대거 이동했다. 전하는 바에 따르면, 30만 명이 넘는 이들 부족은 약탈적인 전사들이 아니라 순전히 이주민들이었다. 저 멀리 동쪽에서 가해진 압박 때문에 로마의 영토로 들어오게 될 수많은 게르만 부족들 가운데 첫번째 이주자들이었다. 로마 군대는 킴브리(Cimbri) 족과 테우토네스(Teutones) 족에게 연이어 참패하고 말았다. 이는 기원전 105년 8만 명의 로마 군사가 사망한 아라우시오(Arausio) 전투에서 절정에 이르렀다. 한 세기 전 칸나이의 패배보다 훨씬 심각했다. 이러한 비상상태 속에서 마리우스는 아프리카에서 돌아와 유구르타 전쟁의 개선식을 거행했다. 로마의 구세주로 환영받은 마리우스는 기원전 104년에서 100년까지 연이어 집정관으로 선출되었다. 연속으로 다섯 번이나 집정관 직에 선출되자 공화정의 1년 임기의 행정관 제도는 비웃음거리가 되었다. 그러나 마리우스는 기원전 102년 엑상프로방스에서, 그리고 기원전 101년 베르켈라이(Vercellae)에서 게르만 부족들을 크게 무찌름으로써 로마 인민의 신뢰에 정당성을 부여했다. 자신의 성공들을 통해 '영광'과 집정관 직을 얻음으로써 마리우스는 전례 없는 지위를 획득했다. 그리하여 로마 귀족들의 경쟁의 판돈을 더욱 커졌다.

마리우스는 공화정의 마지막 세기를 지배한 군사 지도자들 중 첫번째 인물이었다. 그러나 길게 보면 경력 못지않게 중요한 업적은 마리우스가 로마 군대를 재조직한 일이었다. 아프리카 원정과 게르만 전쟁을 치르면서 마리우스는 전통적으로 군복무에 합당한 재산 자격을 갖춘 '아시두이'뿐 아니라, 토지 없는 무산자들인 '카피테 켄시(capite censi: 머리 수만 계산된 극빈자, 즉 이들은 재산을 소유한 5계급에 포함되지 못했다)'를 자원병으로 받아들여 병력을 충원했다. 그 결과 로마는 사상 처음으로 진정한 통일성을 갖춘 전문 군대를 갖추게 되었다. 마리우스의 신병들은 경작할 토지가 없었기 때문에 엄격한 훈련을 받고 기강을 갖추어 오랫동안 군복무에 전념할 수 있었다. 가난했기 때문에 이들의 모든 장비는 국가가 일괄 지급했다. '마리우스의 노새들'이라 알려진 이들은 중갑병의 갑옷과 투구를 갖추고, 2개의 창과 스페인식 단검뿐 아니라 25킬로그램의 배낭을 지고 행군했다. 2개의 창 중 하나는 머리 부분이 못으로 빈약하게 고정되었다. 이는 마리우스가 고안한 것으로서 창이 목표물을 맞히면 머리 부분이 휘어져 창을 다시 빼낼 수 없게 돼 있었다. 마리우스는 군의 대형도 개선했다. 스키피오 아프리카누스가 만든 120명의 병사로 구성된 중대(maniple)는 자마 전투에서 코끼리 부대에 대적하기 위해, 또한 유연성 없는 마케도니아의 밀집보병대를 격파하기 위해 창안한 맞춤 대형이었다. 그러나 마리우스에 의해 군대의 기본 단위는 600명의 병사로 구성되는 보병대대(cohort)로 대체되었다. 이로써 한 단위에 병력이 좀더 밀집하게 되어 게르만인의 대규모 공격에 더 효과적으로 대항할 수 있었다. 이러한 개혁을 통해 제국의 저 유명한 로마 군단이 출현하게 되었다.

마리우스의 개혁으로 강력한 전문 보병 부대가 탄생했다. 이는 로마의 시민군이라는 오랜 이상을 포기하는 것을 의미했다. 토지를 소유하지 못한 마리우스의 지원병들은 군복무를 마칠 때 농장을 주겠다는 약속을 받았다. 일종의 유인책이었던 이런 약속을 이행할 책임은 장군에게 있었고, 새로운 병사들은 장군에게 충성의 서약을 했다. 그러므로 군대는 사병화되었고, 병사들은 원로원이나 로마 국가가 아니라 그들을 지휘하는 장군에게 충성을 바쳤다. 기원전 2세기 초에 원로원은 스키피오 아프리카누스와 같은 위대한 개인들을 제어함으로써 공화정의 집단 지도권을 유지할 수 있었다. 그러나 이제 그라쿠스 형제가 해결할 수 없었던 사회적·경제적 압력으로 인해 지위와 영광을 차지하기 위한 경쟁에 몰두하는 자들에게 봉사하는 사적인 군대들이 등장했다. 새로운 가능성을 이용한 사람은 마리우스가 아니라(마리우스는 정치가라기보다는 군인이었기 때문이다), 경쟁자인 루키우스 코르넬리우스 술라였다. 기원전 2세기의 해소되지 않은 또다른 긴장은 단지 그가 바라던 기회를 제공했을 뿐이다.

지난 30년간 위기를 겪으며 이탈리아 반도 동맹국들의 지위는 불화의 원인이 되어왔다. 마리우스의 신병들은 로마 시민보다 이탈리아 반도 출신이 다수였다. 기원전 100년경에는 이탈리아 반도 출신이 군대의 3분의 2를 구성했으나 그들은 여전히 로마에서 정치적 권리를 갖지 못했다. 로마 시민권의 일정한 몫을 요구하는 이탈리아 반도 사람들의 요구가 점차 높아갔으며, 결국 기원전 91년 그들의 입장을 대변하던 호민관 마르쿠스 리비우스 드루수스(Marcus Livius Drusus)가 살해되자 동맹시 전쟁(Social War, 즉 동맹시들socii과의 전쟁)이 발발했다. 로마식의 원칙에 따라 훈련받고 장비를 갖춘 수많은 적과 맞닥뜨린 로마는 초반에 고전을 면치 못했다. 다행스럽게도 대다수 동맹국들은 로마를 파괴하려는 것이 아니라, 로마로부터 양보를 얻어내려 했을 뿐이다. 기원전 88년 마침내 로마는 동맹국들의 요구를 인정했으며, 충돌은 즉각 진정되었다. 돌이켜보면 이탈리아 반도 사람들이 로마 시민권을 얻기 위한 투쟁에서 어렵게 얻은 승리는 지속적인 제국을 창조하는 데 결정적인 계기가 되었다. 뒤이은 수세기 동안 이탈리아 반도 사람들에게 부여된 권리는 점차 로마에 예속된 모든 민족들로 확대되었고, 지중해 세계는 로마적 정체성이라는 우산 아래 통합될 수 있었다.

동맹시 전쟁 때 술라는 남부 이탈리아에서 일련의 승리를 거둠으로써 마리우스를 대신하여 로마 최고의 장군이 되었다. 전쟁이 끝날 무렵 그는 집정관으로 선출되었는데, 마침 로마는 흑해 부근에 있는 폰투스(Pontus) 왕국의 왕 미트리다테스(Mithridates)의 위협을 받고 있던 상황이었다. 술라는 로마의 아시아 속주에 침입한 미트리다테스를 몰아내기 위해 소집된 군대의 지휘권을 맡았다. 그다음에 발생한 사태는 공화정의 미래에 불길한 그림자를 드리웠다. 술라가 동방으로 떠나기 전에, 술피키우스 루푸스(Sulpicius Rufus)라는 급진적인 호민관이 지휘권을 술라로부터 마리우스에게로 옮기는 법을 통과시켰다. 그러자 40년 후에 루비콘 강가에 선 카이사르와 마찬가지로, 술라는 정치적으로 망각될 것인가 아니면 내란을 일으킬 것인가를 놓고 선택해야 했다. 카이사르와 마찬가지로, 술라는 포기하지 않았다. 공화정 역사상 처음으로 로마 군대는 로마 시로 진격했다.

술라의 로마 행군은 로마의 귀족적 야망과 마리우스의 군사 개혁이 초래한 자연스러운 결과였다. 영광과 탁월함을 갈망하면서, 술라는 병사들에게 자신의 위엄(dignitas)을 위해 싸우라고 호소했다. 이 병사들은 국가가 아니라 술라에게 충성을 바쳤고 약속된 토지를 하사받기 위해 그에게 의존했다. 이미 팽창의 압력과 그라쿠스 형제의 도전으로 인해 약화된 원로원의 집단적 권위는 사적인 군대를 소유한 군사 지도자의 세력을 압도하지 못했다. 공화국의 운명은 이제 억제될 수 없는 경쟁 심리에 불타며 탁월함을 갈망하는 개별 장군들의 수중에 놓이게 되었다. 공화국은 해체되기 시작했다.

제 7 장

언어와 이미지

로마 공화정의 흥망성쇠 이야기는 정말 놀라운 드라마이다. 그러나 로마가 작은 도시국가에서 제국의 여왕으로 변모한 과정에는 단지 국가 차원의 정복과 정치적 위기에 얽힌 이야기만 있는 것은 아니다. 행군하는 군대와 원로원의 토론들 너머에서 문학과 예술은 고대 로마인의 세계를 활기차게 만들어주었다. 공화정기 작가들의 목소리는 초기의 극작가 플라우투스와 테렌티우스에서 후대의 카툴루스, 키케로 그리고 카이사르의 위대한 세대를 지나 오늘날에까지 반향을 불러일으키고 있다. 공화정기 예술의 우수성은 마땅히 받아야 할 만큼의 칭찬을 항상 받고 있진 않지만, 매장된 도시 폼페이에 보존된 뛰어난 흉상들과 훌륭한 회화 작품들 속에서 여실히 확인된다. 이러한 업적은 그 자체로 주목받을 가치가 있지만, 첫 번째 황제 아우구스투스 시대의 로마 문화의 황금기를 다지는 초석이 되기도 했다.

정치나 군사의 역사와 마찬가지로, 문화 면에서도 로마의 초기 시대는 베일에 싸여 있다. 기원전 3세기 이전 문학 활동의 흔적은 없다. 또한 분명 예술적 성취가 있었겠지만, 시간의 흐름을 이기고 오늘날까지 남아 있는 것들은 너무나 적다. 우리가 확실하게 말할 수 있는 바는 로마의 문화가 로마인의 생활의 모든 측면과 마찬가지로 매우 이른 시기부터 이웃한 민족들의 전통에 의존했다는 것이다. 초기에 로마 문화에 영향을 준 사람들은 북쪽의 에트루리아인과 남쪽의 그리스인이었다. 이후 로마가 동방의 그리스어 사용자들의 세계에 점점 더 깊이 개입하면서 그리스 문화의 영향은 더욱더 커지게 되었다. 그럼에도 불구하고 로마인들은 고유의 문화를 간직했다. 여기에서도 우리는 다른 사람들의 특징들을 흡수하고 동화시킬 뿐 아니라 새 모델을 변형해 새롭고 독특한 로마적인 무언가를 만들어내는 로마인의 탁월한 재능을 확인하게 된다.

## 로마 문학의 첫번째 개화

라틴 문학의 기원은 동화와 변형의 재능을 입증한다. 우리가 갖고 있는 극히 빈약한 증거에 비추어보면, 기원전 3세기까지 로마에서 글쓰기는 기록 문서와 법적·종교적 서식에 국한되었다. 문자 해독은 엘리트 계층에 국한되었으며, 공공 오락은 운동경기와 각 지방에서 상연된 연극을 통해 제공되었다. 문학은 남부 이탈리아의 그리스 도시들을 통해 등장했다. 그리스의 고전기 작품들과 장르가 라틴어 형식으로 대규모로 개작되기 시작했다. 우리에게 이름이 알려진 최초의 라틴 시인은 타렌툼 출신의 그리스인 리비우스 안드로니코스(Livius Andronicos, 기원전 280?~200)였다. 노예로 로마에 오게 된 안드로니코스는 후일 해방되어 교사이자 극작가로 생계를 유지했다. 안드로니코스의 작품들 중 단지 소수의 단편들만이 남아 있지만, 그럼에도 불구하고 그에게 영감의 원천이 된 주요 작품을 알아내기는 어렵지 않다. 안드로니코스는 호메로스의 『오딧세이아』를 라틴어로 번역했는데, 이 작품은 수세기 동안 로마의 학교들에서 사용되었다. 그의 비극 작품들도 트로이 전쟁의 이야기들과 영웅담에 상당히 의존하고 있었다.

다음 세대에서 그리스의 영감과 모델들을 새로운 방식으로 활용한 장르는 로마의 희극이었다. 오늘날까지 엄청난 양의 작품을 남기고 있는 초기의 라틴 작가는 2명의 희극 작가인 티투스 마키우스 플라우투스(Titus Maccius Plautus, 기원전 254?~184)와 푸블리우스 테렌티우스 아페르(Publius Terentius

Afer, 기원전 195?~159)이다. 두 사람 모두 로마에서 태어나지는 않았다. 플라우투스는 움브리아(Umbria) 출신이며, 테렌티우스는 북아프리카에서 태어난 노예였다. 그러나 두 사람 모두 로마 문화에 지속적인 영향을 끼쳤다. 플라우투스의 작품들 중 약 21점만이 거의 완전하게 남아 있고(전체 저작의 절반 정도이다), 테렌티우스의 작품들은 모두 6점이 남아 있다. 이들의 작품은 국가적 경기들이나, 유력 가문들의 장례 행사 중에 상연되었다. 이는 공화정의 사회와 가치관을 알 수 있는 지식의 보고라 할 수 있는데, 이 작품들 또한 그리스의 원본들을 개작한 것이다. 우리는 플라우투스의 가장 잘 알려진 작품들 중 하나인 『허세꾼 병사 Miles Gloriosus』의 프롤로그를 통해 개작 과정을 짐작할 수 있다.

　　이제 당신들 모두 자리를 잡았으니, 당신들에게 플롯에 관해 이야기하리다.
　　그리고 당신들이 곧 보게 될 연극의 제목에 관해서도.
　　이 행복한 축제의 순간에.
　　이 연극의 제목은 그리스어로는 'Alazon'이지요.
　　우리는 이것을 라틴어로 'Gloriosus(허세꾼)'라 번역하였지요.
　　이 도시는 에페소스랍니다. 지금 우리가 보고 있는 병사는
　　포룸으로 가고 있지요. 그는 나의 소유자이자 주인입니다.

그는 또한 더러운 거짓말쟁이, 허세꾼에 오만한 자이며,

비열한 위증자이고, 간통한 자이지요.

플라우투스의 극은 (소실된) 그리스의 원본에 기초를 두고 있으며, 무대의 배경은 소아시아에 있는 그리스어를 사용하는 도시 에페소스이다. 거만한 용병인 주인공의 성격은 로마적이라기보다는 그리스적이며, 그의 이름 'Pyrgopolynices('용맹한 성채 정복자'라는 의미)' 또한 그리스적이다. 하지만 이 연극의 주인공은 연극의 개막사를 이야기하고 병사의 몰락을 조종하는 노예 팔라이스트리오(Palaestrio)이다. 이 영리한 노예는 플라우투스의 작품에 자주 등장하는 인물로 그리스어 원작들보다 플라우투스의 작품에서 훨씬 더 두드러진 역할을 하는데, 분명 로마인 관객들에게 인기가 많았을 것이다. 플라우투스는 자신의 희극의 특징인 통속성이나 익살스러움과 더불어 도덕성을 강조하기도 했는데, 이 또한 로마적 맥락에 부합한다. 그 결과는 로마적-그리스적 혼성 형태의 희극이다. 이것은 공화정기의 원천을 훨씬 뛰어넘어 이후 커다란 영향을 끼쳤는데, 셰익스피어의 희곡 〈실수 연발The Comedy of Errors〉, 〈포럼으로 가는 길에 생긴 재미난 일A Funny Thing Happened on the Way to the Forum〉 등에서도 확인할 수 있다.

연극 못지않게 로마의 역사 서술 또한 그리스인들에게서

비롯되었다. 그리스인은 'historia(탐구)'라는 단어를 만들어낸 사람들이다. 퀸투스 파비우스 픽토르(Quintus Fabius Pictor)는 제2차 포에니 전쟁에 참전한 원로원 의원으로, 기원전 200년 경 로마인 중에서는 최초로 로마에 관한 역사서를 내놓았다. 놀랍게도 라틴어가 아니라 그리스어로 쓰인 것이었다. 이 무렵 이미 그리스어로 쓰인 로마 역사서들이 매우 많았다. 로마인의 혈통을 트로이 전쟁, 아이네아스의 방랑, 그리고 호메로스의 다른 영웅들과 연결지은 이들이 바로 이같은 그리스 역사가들이었다. 픽토르와 같은 로마인들은 이러한 이야기들을 흡수하고 발전시켰다. 픽토르의 저작은 현재 소실된 상태이다. 그는 아이네아스와 로마의 관계를 이탈리아의 토착 전설들과 연결했으며, 이는 로물루스와 레무스의 건국 신화로 발전했다. 이렇듯 그리스 전통과 로마 전통이 혼합되어 로마인의 기원, 그리고 로마인의 역사적 정체성에 대한 인식이 나타나게 되었다. 픽토르는 로마의 이야기를 그리스의 고대 세계관과 융합시켜 그리스어로 저술했다. 하지만 로마식 가치관을 고수했고, 드넓은 지중해 세계에서 로마의 특별한 지위를 인정했다.

픽토르 이전 시기에 공화정기 로마에 관한 유일한 역사 사료들로는 얼마간 자화자찬 경향이 있는 위대한 귀족 가문의 가문 기록들, 그리고 대사제들(pontifices)의 사제단이 기록한 행정관 직과 중요 사건들에 관한 기록이 있을 뿐이었다. 그러나 기원전 2세기 초에 이르러 마침내 라틴어로 서술된 역사 기록이 나타나게 되었다. 퀸투스 엔니우스(Quintus Ennius, 기원전 239?~169?)는 산문 역사가가 아니라 시인이었다. 그의 『연대기Annales』는 트로이 몰락에서 당대에 이르기까지의 로마의 역사를 이야기하는 역사 서사시였다. 도입부에서 엔니우스는 자신을 자신의 꿈에 나타난 호메로스의 환생이라 부르고 있다. 그는 픽토르처럼 호메로스의 전설들을 로마의 전승들과 결합했다. 『연대기』는 베르길리우스의 『아이네이스』에 대체될 때까지 로마의 민족 서사시로 자리매김했다. 그러나 유감스럽게도 엔니우스의 작품은 현재 대부분 소실되었으며, 오늘날에는 다른 작가들이 인용한 구절들을 통해 기억되고 있다. 그중 아마도 가장 유명하고 상당히 의미심장한 구절은 제2차 포에니 전쟁을 거치고 살아남은 한 남자가 한 말이다. "승자는 패배한 자가 스스로 인정해주지 않을 경우 승리한 것이 아니다."

라틴 문학의 초기 역사에서 마지막 거장은 대(大)카토라 불리는 마르쿠스 포르키우스 카토(기원전 234~149)이다. 보수주의자였던 카토는 그리스 문화에 대한 적대감으로 유명하며, 산문으로 된 최초의 로마 역사를 저술했다. 카토다운 일이다. 그가 기원전 170년 이후에 쓰기 시작한, 오늘날에는 단편으로 남아 있는 저작은 『기원론Origines』이다. 공화정의 이상들을 확고히 지지했던 카토는 개인의 야망보다는 국가에 대한 봉사를 더 위대한 덕목으로 강조했으며, 군 지휘관들을 부를 때에도 이름보다는 계급명으로 부르기를 선호했다. 그렇다고 자신의 업적을 찬미하는 데 주저하진 않았다. 또한 헬레니즘을 싫어했음에도 불구하고, 카토 역시 로마 혈통의 기원을 아이네아스와 트로이 전쟁으로 소급했다.

카토가 로마의 전통과 미덕을 지키려고 헌신한 유일한 인물은 아니었다. 기원전 2세기 사람들은 로마 귀족이 그리스어와 문학에 대한 지식을 갖추길 기대했는데, 이들은 공화정의 가치에도 집착했다. 이러한 집착은 그리스인의 영향을 받지 않은 로마 고유의 것이라고 주장된 장르를 통해 문학적으로 표현되었다. 바로 풍자시이다. 통렬한 사회적·정치적 비평, 그리고 문학적 패러디와 도덕적 판단이 결합된 풍자시는 공화정의 급변하는 세계에 대한 동시대의 논평이라 할 수 있다. 로마 최초의 진정한 풍자시인은 가이우스 루킬리우스(Gaius Lucilius, 기원전 102년 사망)였다. 그는 문학 서클을 만들어 교류하였던 스키피오 아이밀리아누스(Scipio Aemilianus)의 친구였다. 루킬리우스의 풍자시들은 단지 단편적으로만 남아 있지만, 그가 확립한 장르는 오래 지속되었다. 루킬리우스는 아우구스투스 시대의 시인인 호라티우스와 로마 최고의 풍자시인인 유베날리스의 모델이 되었다. 훗날 제정기의 풍자시인인 유베날리스는 '빵과 서커스', 그리고 '감시자들은 누가 감시하는가?' 같은 유명한 구절을 남겼다.

## 카툴루스와 키케로

공화정기 로마 문화사는 기원전 1세기에 절정에 다다랐다. 공화정 체제는 내란으로 와해되고 있었지만, 천재적 작가들은 라틴 문학을 새로운 경지에 올려놓았다. 서정시인 가이우스 발레리우스 카툴루스(기원전 84?~54)는 미묘한 그리스식 은유와 라틴어의 일상적 표현을 결합해 어느 시대 작가에 견주어도 돋보일 만한 작품을 남겼다. 카툴루스는 알렉산드리아의 세련된 헬레니즘 시기의 시들과 고대의 가장 위대한 여류 시인인 레스보스 섬의 사포(Sappo)의 영향을 받았다. 그는 가능한 한 가장 조야한 언어로 성욕을 묘사할 수 있었다. 그러나 사랑의 심리에 대한 통찰은 심오했으며, 고통스러운 경험을 통해 얻은 것이었다. 그가 쓴 가장 짧지만 가장 매력적인 시 한 편을 보자.

나는 미워하며 또 사랑한다네. 만일 당신이 어떻게 그럴 수 있냐고 묻는다면,

　나도 모른다네. 단지 그렇게 느낄 뿐. 찢기듯 고통스러워라.
(시 85)


　카툴루스에게 심한 고뇌와 영감을 준 최고의 원천은 '레스비아(Lesbia)'라는 여인이었다. 이 이름은 사포에게서 유래한 가명으로, 아마도 퀸투스 메텔루스 켈레르의 아내였던 클로디아 메텔리(Clodia Metelli)의 정체를 숨기기 위해 사용했을 것이다. 메텔리는 키케로의 지극히 공격적인 연설을 통해 잘 알려져 있는데, 이 연설을 통해 여러 가지 의심스러운 행위들, 특히 남편을 독살한 혐의와 (키케로의 주요 정적이었던) 오빠 푸블리우스 클로디우스와의 근친상간 혐의로 기소되었다. 카툴루스에게 '레스비아'는 육욕, 사랑, 그리고 고통의 대상이었다. 그는 레스비아가 가지고 놀았던 애완용 참새를 질투하고, 참새의 죽음을 애도했으며(시 2, 3), 자기 욕망을 채우기 위해서는 수없이 많은 모래알이나 하늘의 별들만큼이나 많은 그녀의 키스가 필요하다고 이야기한다(시 7). 하지만 그녀의 부정한 행위를 비난하고(시 11: "300명의 애인들과 함께 살고, 그들에게 동시에 다리를 벌리는군."), 그녀에게서 벗어나기를 기도하기도 했다.


　이제 나는 나의 사랑이 돌아오기를 기대하지도 원치도 않는

다네.

레스비아가 정숙한 여자가 되게 해달라고 달님에게 애원하지도 않는다네.

오직 신들이 나를 이 병에서 치료해주시길.

그리고 예전처럼 다시 나를 온전하게 해주시길.

(시 76)


카툴루스 서정시의 주제들은 감정의 한가운데를 파고들기에 호소력이 있다. 공화정 마지막 날들의 갈등에 관해서는 지나치듯 무심히 언급할 뿐이다. 그것들은 정치적 서사에 가려지기 마련인 로마 사람들의 생생한 일상을 보여준다. 그 세계를 보여주는 또다른 주요 안내자가 있다. 카툴루스보다 정치적 성향이 강한 인물이지만 그의 방대한 저술들은 살아 움직이는 로마를 보여주기에 훨씬 더 가치가 있다. 바로 마르쿠스 툴리우스 키케로(Marcus Tullius Cicero, 기원전 106~43)이다.

우리는 기나긴 고대 로마 역사에 있어 남녀를 막론하고 다른 누구보다 키케로의 생애와 성격을 더 많이 알고 있다. 그는 공화정 말기에 관해 가장 귀중한 개인의 사료를 제공할 뿐 아니라, 당시의 극적인 사건들에 적극 참여한 바 있다. 무엇보다 키케로는 자신의 저술들을 통해 동시대인인 폼페이우스 마그누스나 율리우스 카이사르보다는 훨씬 더 인간적인 모습으로 다가온다. 그는 결점을 지닌, 일관성 없는 모습을 보여주기도 하지만, 이상주의자이고 원칙주의자이며 용감한 인물이었다. 그는 무너져가는 공화정을 부질없이 수호하느라 자신의 인생을 바쳤다.

키케로는 로마 남서쪽의, 가이우스 마리우스의 고향이기도 한 아르피눔(Arpinum)에서 태어났다. 마리우스처럼 그도 이른바 '신인'이었다. 그러나 마리우스와 달리, 그는 극히 이례적이게도 결코 훌륭한 군인이 아니었다. 키케로를 탁월한 위치에 올려놓은 것은 웅변가의 재능이었다. 근대의 대중 매체가 등장하기 전까지, 공공 연설은 정치가에게 필수적인 기술이었으며, 키케로는 그때까지 로마가 배출한 인물들 중에서 가장 위대한 웅변가였다. 생애 마지막 무렵에 행한 한 연설을 듣고, 당대 로마에서 두번째로 위대한 웅변가였던 율리우스 카이사르가 충격을 받은 나머지 들고 있던 문서를 떨어뜨릴 정도였다. 키케로의 연설문들 중 50편 이상이 오늘날까지 남아 있다. 이는 키케로의 재능뿐 아니라, 공화정의 법, 사회 그리고 정치의 깊은 이면까지 보여주는 이루 말할 수 없이 귀중한 자료들이다.

기원전 70년 키케로는 가이우스 베레스(Gaius Verres) 탄핵 연설을 통해 로마의 정치 무대에 혜성처럼 등장했다. 베레스는 원로원 의원이자 부패한 시칠리아 총독으로, 자신의 지위를 동원하여 주민들을 착취한 자였다. 베레스의 변호인단을 이끈 이는 당대 최고의 재판 웅변가인 퀸투스 호르텐시우스 호르탈루스(Quintus Hortensius Hortalus)였다. 그러나 키케로의 공개 연설과 수많은 증인 및 증거가 너무나 결정적이어서, 호르텐시우스는 곧바로 사임했고 베레스는 자발적으로 망명을 떠났다.

베레스 재판을 통해 키케로는 처음으로 자신의 정치적 방침을 정했으며, 평생의 정치 활동에서 이를 고수했다. 본질적으로 보수주의자였기에 원로원의 집단 지도력과 공화정의 전통적 구조들을 신봉했다. 또한 이상주의자이기도 했기 때문에 공화정의 전통적 체제를 너무나 흠모한 나머지 현실의 결점들을 무시했다. 베레스의 악덕들은 정부가 지중해 지배를 놓고 부심하는 동안 로마 엘리트 내부에서 성장하던 부패를 반영하는 것이었다. 키케로는 로마에 대한 이상을 기원전 51년에 완성한 『국가론』에 묘사했다. 현재 단편적으로 남아 있는 『국가론』은 플라톤의 『국가』를 모델로 한 것이었다. 여기서 원로원은 확실한 도덕적 권위로써 조용하고 수동적인 대중을 지도하며, 개별 귀족의 야망을 조정한다. 키케로는 단순히 그러한 체제라면 평화를 보장할 거라고 보았다. 그는 기원전 2세기의 사회경제적 문제들, 도시 폭도, 혹은 마리우스와 술라 같은 군사 지도자들이 거느린 사병 등의 문제에는 해결책을 제시하지 않았다. 그의 국가는 이상이지 현실이 아니었다.

그러나 키케로를 한낱 철학적 몽상가로 치부할 수는 없다. 그는 그리스의 철학적 이상들을 라틴어로 옮기는 일을 주도한 인물이다. 하지만 플라우투스나 카툴루스가 자신들의 분야에서 그러하였듯이, 키케로 역시 그리스의 모델을 로마의 목적에 부합하도록 변형했다. 특히 키케로는 자신의 꿈을 현실로 만들기 위해 플라톤보다 훨씬 더 노력했다. 대부분의 동시대인들과 마찬가지로, 키케로는 윤리학과 정치철학을 절대 떼어놓을 수 없는 것으로 보았다. 정치의 쇠퇴는 도덕의 쇠퇴에서 기인한다고 보았으며, 역으로 정치 개혁에는 도덕 개혁이 요구된다고 보았다. 그러므로 키케로는 거친 세계에서 한 개인이 어떻게 살아가야 하는가에 관해 실제적 충고를 제시했다. 마지막 저작들 중 하나인 『의무론』(기원전 44~43년)에서 키케로는 당대의 올바른 행위의 지침으로서 과거 로마의 도덕성을 제시했다. 가장 위대한 선은 국가에 대한 봉사이며, 국가에 대한 최대의 봉사는 독재자에 맞서는 것이었다. 이는 카이사르가 살해된 직후에 쓰인 저서로, 전제 권력을 추구하는 자를 살해하는 행위는 필요할 뿐 아니라 도덕적으로 옳다는 키케로의 주장의 배후에는 당대의 매우 현실적인 세력이 자리잡고 있었다.

키케로의 연설과 저술들을 통해 공화정에 대한 이상과 적절하고 도덕적인 로마인의 생활에 관한 그의 생각을 알 수 있다. 하지만 여기에서 인간 키케로의 모습 자체를 알 수는 없다. 이를 알기 위해서 우리는 키케로가 남긴 가장 풍요로운 보물인 서한들을 읽어야 한다. 생애 마지막 25년에 걸쳐 쓴 800통 이상의 편지들이 남아 있다. 많은 서한들이 키케로의 신임을 받은 절친이었던 티투스 폼포니우스 아티쿠스(Titus Pomponius Atticus)에게 보낸 것들이다. 아테네를 사랑하여 자주 그곳에서 지냈기 때문에 '아티쿠스'라 불린 인물인데, 키케로가 죽은 뒤 편지들을 출판하도록 도왔다. 비록 자신이 보낸 답장들을 맨 먼저 없애버렸지만 말이다. 이 편지들을 통해 우리는 키케로가 당대의 사건들에 대해 어떻게 즉각 반응했는지를 알 수 있다. 여기에는 자신과 폼페이우스나 카이사르와의 관계가 계속 변화하고 있음이 드러나고, 카이사르가 살해되고 독재 권력이 무너지자 노골적으로 기뻐하는 키케로의 모습이 나타난다.("당신이 나를 3월 15일의 저 훌륭한 향연에 초대해주기를 얼마나 바랐는지.")

편지에서는 또 연설가이자 철학자인 키케로의 결점이 고스란히 드러난다. 그는 약하고 우유부단하고 허영심 많고 변명이 많으며, 종종 자기 자신과 남들에 대해 그릇된 판단을 내렸다. 동시에 총명하고 사려 깊은 이상주의자의 모습과 함께 때때로 영웅적인 모습도 엿볼 수 있다. 그는 자신의 이상에 따라 살려고 노력했다. 종종 그렇게 하는 데 실패한다는 사실을 자신도 알고 있었지만 말이다. 키케로는 궁극적으로 자기 이상을 수호하는 데 일생을 바쳤다. 카이사르보다 1년 반을 더 살았지만, 마르쿠스 안토니우스와 가이우스 율리우스 카이사르 옥타비아누스(후일의 아우구스투스 황제)가 이끄는 제2차 삼두정의 명령에 의해 살해되었다. 그러나 키케로에게 알맞은 묘비명을 마련해준 사람은 바로 아우구스투스였다. 키케로의 작품을 읽고 있는 손자를 보자, 그는 책을 집어들고 한참 읽은 다음 돌려주며 말했다. "얘야, 그는 학식이 높은 분이란다. 학식이 높을 뿐 아니라 조국을 사랑했지."

## 벽돌과 대리석

우리와 로마 공화정 사이를 갈라놓고 있는 2,000년의 간극을 넘어 로마인의 세계를 엿보고자 할 때 플라우투스, 카툴루스 그리고 키케로의 저술들은 훌륭한 창문이 되어준다. 반면 물질문화, 즉 예술과 건축의 증거는 너무나 단편적이고, 비전문가들이 해석하기에 까다롭다. 하지만 그것들은 로마의 문화적 성취의 본질이며, 우리가 로마의 남성과 여성이 생활하던 물리적 환경을 이해하는 데 매우 중요한 요소들이다. 시간이 흐르면서 많은 것이 소실되었고, 나중에 만들어진 로마 제정기의 기념물들 아래에 숨겨져 있다. 그러나 오늘날에도 전해지는 공화정기의 작품들은 실용적일 뿐만 아니라 지극히 아름답다. 로마 문화의 다른 측면들과 마찬가지로, 공화정기의 예술과 건축 또한 외부 요소들의 영향을 많이 받았으나 로마 특유의 성격을 유지했다.

초기 로마에 속하는 유물들은, 물질적 흔적이 거의 남아 있지 않다. 카피톨리누스 언덕에 있는 청동 늑대상(그림 1)은 아마도 에트루리아 장인의 솜씨일 것이다. 하지만 아래에 있는 쌍둥이는 교황 식스투스 4세(Sixtus IV, 1471~84) 때 덧붙여진 것이다. 에트루리아는 로마의 물질문화에 폭넓은 영향을 끼쳤다. 로마의 가옥과 신전 설계는 에트루리아의 모델에 기초를 둔 것이다. 또한 에트루리아인은 장식 도자기와 그 지역의 테라코타(초기 이탈리아 시기에는 이용할 수 있는 대리석 산지가 없었다)로 만든 조각상과 석관들로도 유명했다. 하지만 에트루리아인은 그리스인으로부터 영감을 받기도 했다. 로마 공화정의 경우에도 그리스 문화의 영향이 점점 커져가는 양상을 볼 수 있는데, 이는 문학만큼이나 예술에서도 그러했다. 이러한 외부 영향들은 응용되어 로마의 변화하는 요구에 부응했고, 이어 공화정기의 가장 아름다운 작품들 중 일부가 등장했다.

로마인들 자신은 건축 분야의 업적을 고대 문명에 기여한 최대의 공헌 중 하나로 여겼다. 부분적으로 그러한 공헌은 지극히 기능적인 것이었다. 할리카르나소스 출신의 그리스인 디오니시오스(Dionysios of Halicarnassos)는 감동을 받은 나머지, 로마의 가장 위대한 세 가지 업적은 '수도교, 포장도로, 그리고 하수도 공사'라고 썼다. 이같은 건조물들은 로마인의 발명품은 아니지만, 로마인은 디자인과 효율성 면에서 이들을 새로운 수준으로 끌어올렸다. 기존의 건축 요소들, 특히 아치와 궁륭은 새로운 규모로 이용되었다. 또한 로마인은 콘크리트를 폭넓게 사용했는데, 이는 콘크리트가 정교하게 다듬어진 석재보다 손쉽게 구할 수 있었을 뿐 아니라 숙련노동이 필요하지 않았기 때문이다.

오늘날에는 공화정기 건축물의 아주 작은 일부를 통해서도 그것을 복원할 수 있다. 일반 가옥들의 경우 물리적 흔적이 거의 남아 있지 않다. 오늘날 현존하는 고대 로마의 기념물들은 대부분 아우구스투스와 이후 황제들의 영광을 기리는 것들이다. 그럼에도 불구하고 우리는 공화정의 역사가 전개되었던 무대를 어렴풋이 재구성할 수 있다. 로마의 도시 중심은 카피톨리누스 언덕 아래에 있는 포룸이었다. 그곳에서 원로원 회의가 소집되었고, 행정관들이 공무를 수행했다. 포룸 주변과 개선 행렬이 지나가는 '성스러운 길(Via Sacra)' 주변의 구역에는 많은 기념물들이 들어서서 로마의 업적과 전 세대의 영웅

9. 포룸 로마눔(로마 공화정의 포룸).

들을 기리고 있었다. 과거의 영광은 공화정의 사회와 정치 생활 속에 스며들어 있었기에 선조들을 본받고 나아가 능가하려는 사람들은 더욱더 심리적 압박을 받았다.

공화정기의 특징을 규정하는 공공건물은 무엇보다 신전이었다. 신전은 로마인의 신앙심과 더불어 귀족의 경쟁심을 반영한다. 로마의 신전들은 에트루리아–이탈리아 모델을 따랐는데, 이는 고대 그리스의 신전들과는 상당히 달랐다. 로마의 가장 유명한 신전인 카피톨리누스 언덕의 유피테르 신전은 오늘날 평면도의 윤곽을 통해 복원되어 있다. 이 신전은 높은 기단 위에 서 있었으며, 정면의 계단을 통해서만 접근할 수 있었다. 이는 낮은 기초 위에 건축되어 사방에서 접근할 수 있었던 그리스 신전과는 다르다. 이 신전은 개선식이 정점에 이르렀던 곳으로, 귀환한 장군은 승리에 감사하며 희생 제물을 유피테르 신에게 바쳤다.

로마가 계속 팽창하고 부가 유입됨에 따라 로마의 신전들도 급속히 늘어갔다. 귀족들에게 신전 건축은 자신의 성공을 공적으로 기념하고, 신들의 호의에 감사를 표하는 이상적인 수단이었다. 전설에 따르면 로마의 포룸에 있는 카스토르(Castor)와 폴룩스(Pollux)의 신전은 원래 기원전 5세기 초 레길루스 호수의 전투에서 로마에 도움을 준 이 쌍둥이 신을 기리기 위해 건설되었다. 그러나 오늘날 남아 있는 것은 후일 티베리우스 황제가 재건한 건물 중 몇몇 기둥들뿐이다. 전쟁이 계속되면서 귀족들이 더 많은 신전들을 헌정했다. 기원전 2세기 중반에 둥근 형태의 신전(그림 6)이 건설되었고, 이는 오늘날에도 여전히 포룸 보아리움(Forum Boarium)에 보존되어 있다. 이 신전의 정체와 거기에 어떤 신을 모셨는지를 두고 여전히 논쟁이 벌어지지만, 가장 개연성이 높은 추측에 따르면 이것은 '승리자' 헤라클레스(Hercules Victor)의 신전이며, 헌정한 사람은 기원전 146년 코린토스를 파괴한 루키우스 무미우스로 보인다. 이러한 추측이 사실이라면, 코린토스의 파괴자가 헌정한 이 신전이 로마에 현존하는 가장 오래된 대리석 건축물이자 코린토스식 기둥을 채용한 최초의 로마 신전이라는 점은 분명 아이러니다.

로마의 귀족들이 자신들의 업적을 기념하기 위해 만든 기념 건축물은 신전만이 아니었다. 아치형 개선문은 공화정 시기에 창안되었다. 비록 현재 로마에 남아 있는 모든 기념 아치들은 제정기에 만들어졌지만 말이다. 스키피오 아프리카누스는 카피톨리누스 언덕으로 향하는 도로에 공화정기의 가장 훌륭한 기념 아치를 세웠다. 기원전 1세기에 귀족들 간의 경쟁이 점차 격화되자 좀더 특이한 기념물들이 나타났다. 기원전 55년 폼페이우스 마그누스는 폼페이우스 극장을 건설하기 시작했다. 기존에 사용되었던 임시 목조 구조물을 대체한 로마 최초의 상설 극장으로 더 거대한 복합 시설의 일부였다. 이 복합 시설에는 폼페이우스의 행적을 기념하는 수많은 조각상들뿐 아니라, 그의 수호 여신인 '승리의 여신' 베누스(Venus Victrix)의 신전도 포함되었다. 바로 이곳, 즉 자신의 경쟁자였던 폼페이우스의 조각상 아래에서 기원전 44년에 율리우스 카이사르가 살해되었다.

카이사르 자신의 기념물은 훨씬 더 장대했다. 카이사르는 불규칙한 형태로 형성된 공화정기의 포룸(Forum Romanum) 옆쪽에 율리우스 카이사르 포룸(Forum of Julius Caesar)을 건설하기 시작했다. 카이사르 포룸 한쪽 끝에는 율리우스 가문의 여자 조상인 '어머니' 베누스 여신(Venus Genetrix)에게 바친 신전이 자리잡았다. 로마의 인구가 늘어가고 제국 통치 업무도 증가함에 따라 또하나의 포룸을 만들어야 했다. 그러나 규모와 야심에 있어 카이사르 포룸은 제정기의 포룸을 예고한다. 카이사르가 살해될 때까지 완성되지 않았던 포룸은 그의 양자인 황제 아우구스투스에 의해 완성되었다. 아우구스투스는 계속해서 자신의 포룸을 헌정했고, "나는 벽돌로 지은 로마를 물려받아, 대리석으로 둘러싸인 로마를 남겨놓았다"고 공언했다. 이는 과장이 아니었다.

## 회화와 조각

외부의 영향과 귀족들의 경쟁심이 상호작용하여, 로마의 예술 또한 건축 못지않게 발전했다. 회화는 손상되기 쉬운 매체이다. 하지만 오늘날에도 전해지는 공화정기 로마 회화의 규모는 놀라울 정도다. 물론 로마 시내에는 소수의 손상된 작품들만이 남아 있다. 여기에는 이른바 '에스퀼리누스 언덕의 역사적 단편'(그림 2)이라 불리는 현존하는 가장 이른 시기의 벽화가 포함되어 있다. 대략 기원전 3세기의 작품으로 추정되는 이 벽화는 파비우스 가문의 로마 장군이 삼니움인에게 거둔 승리를 기념하고 있다. 이 개선 장면은 그의 무덤 벽에 그려져 있다. 그러나 공화정기 회화의 가장 위대한 보물들은 서기 79년 베수비우스 화산의 폭발로 인해 폼페이와 헤르쿨라네움에 닥친 비극을 통해 보존되었다. 공화정이 몰락한 이후 약 한 세기가 지난 후의 일로, 폼페이를 뒤덮은 화산재와 자갈 아래 보존된 예술 작품들 중 상당수가 공화정기의 유물이라는 사실이 쉽게 잊혀지곤 한다. 기원전 2세기와 1세기의 로마 회화의 발전은 주로 이 폼페이의 증거들을 통해 재구성할 수 있다.

로마 회화의 제1양식, 즉 '석재 모방(Masonry)' 양식은 점차 늘어난 부의 산물이었다. 또 덜 부유한 사람들이 좀더 유복한 사람들을 모방하고 싶어하는 인간의 보편적 욕망의 산물이기도 하다. 기원전 2세기에 값진 대리석으로 내부를 장식한 사치스러운 빌라들이 이탈리아에 등장했다. 값비싼 대리석으로 치장할 여력이 없는 사람들은 회반죽을 칠하는 쪽을 선택했다. 거기에 채색 석재를 모방한 채색된 직사각형 화판들로 벽을 장식했다. 근대인의 눈에 더욱 인상적인 것은 제2양식인 '건축물 모방(Architectural)' 양식이다. 이 양식은 기둥들과 건축상의 여러 특징들을 통해 원근감을 추구했다. 즉 먼 곳으로 시야를 확대하는 효과를 빚어내고, 특정 상황을 묘사하는 인물들이나 신화적인 장면들을 두드러지게 한다. 폼페이 인근의 보스코레알레(Boscoreale)에 아름답게 보존되어 있는 빌라에는 훌륭한 건축물 모방 양식을 자랑하는 요소들이 많이 남아 있다. 공화정이 막을 내릴 무렵에 그려진 벽화들은 이 집의 소유자로 그다지 유명 인사는 아닌 푸블리우스 판니우스 시니스토르(Publius Fannius Synistor)의 침실 벽을 장식하고 있다.(그림 10) 아마도 제2양식에 속한 가장 유명한 그림들은 폼페이에 있는 '비의의 집(Villa of the Mysteries)'에 그려진 작품일 것이다. 여기에는 새빨간 바탕에 디오니소스 의식을 벌이는 장면들, 예컨대 한 여성은 매를 맞고 있고 다른 여성은 심벌즈를 치면서 나체로 춤을 추고 있는 장면(그림 5) 등이 묘사되어 있다. 이러한 그림들은 당시의 저술들에 나타난 정치적·군사적 서술과는 거리가 먼, 로마인의 생생한 생활상을 보여준다.

로마에서 조각은 오랜 역사를 자랑하지만, 회화와 마찬가지로 대부분 기원전 2세기와 기원전 1세기의 작품들이다. 좀 더 이른 시기의 유물로, 에트루리아의 모델을 따른 소수의 테라코타 조각들이 남아 있기는 하지만, 로마에 상당량의 청동 조각과 대리석 조각들이 처음으로 나타난 시기는 기원전 211년 시라쿠사 약탈 후였다. 그다음으로는 기원전 146년 코린토스 약탈 이후였다. 약탈해온 작품들을 소유하는 것이 곧 지위의 상징이 되었는데, 원작을 소유할 수 없었던 사람들은 복제품을 주문했다. 이는 사치스러운 빌라들을 장식하는 새로운 산업이 되었다. 이러한 로마의 복제품들은 학자들에게 매우 소중한 자료가 되었다. 학자들은 이를 통해 미론(Myron)의 〈원반 던지는 사람〉이나 폴리클레이토스(Polykleitos)의 〈창을 든 남자〉 같은, 이제는 소실돼버린 그리스 걸작들을 복원하려 했다. 이 복제품들은 그리스 문화에 대한 로마의 뿌리 깊은 존경심을 방증한다.

그러나 조각에서도 로마인은 수동적인 그리스 모방자를 넘어섰다. 조각, 특히 살아 있는 인물들의 초상은 로마인의 생활에서 특히 중요했다. 귀족 조상들의 밀랍 마스크들은 저택의 아트리움에 보관되었고, 장례식이 거행될 때 장례 행렬과 함께 운반되었는데, 이러한 관행은 과거 선조들의 업적과 경

10. 보스코레알레에 있는 빌라의 침실 벽화. 제2양식의 회화이다.

쟁하게 하는 자극제가 되었다. 로마의 대리석 초상들은 전통적 미덕을 대표하며, 로마인들이 그러한 초상을 중시하였음을 보여준다. 대칭의 미와 청년의 아름다움을 추구하는 것이 고전기 그리스의 이상이었다면, 이와 대조적으로 로마의 초상들은 전투로 다져진, 주름이 깊게 파인 좀더 성숙한 얼굴들을 묘사하는데, 이는 로마의 덕(virtus)과 권위(auctoritas)를 상징한다. 이러한 로마 특유의 성격을 지닌 인물상의 양식은 종종 '진실주의(veristic)'라 불린다. 비록 해당 인물들이 특정 개인의 실제 모습보다는 어떤 이상을 더 많이 반영하고 있지만 말이다. 분명하게 확인되는 가장 이른 시기의 공화정기 인물상 두 가지는 폼페이우스의 흉상과 카이사르의 흉상이다.(그림 11) 넓적한 얼굴과 알렉산드로스 대왕을 연상시키는 머리 모양을 한 폼페이우스의 얼굴은 각지고 귀족적인 율리우스 카이사르의 얼굴과 대조적이다.

베르길리우스의 『아이네이스』에 나오는 자주 인용되는 구절에서, 아이네아스의 아버지 안키세스(Anchises)는 로마의 운명에 대해 이렇게 예언한다.

다른 사람들은 마치 실제로 숨을 쉬는 듯한 모습을 청동으로 훨씬 더 정교하게 만들어내고, 대리석을 깎아서 생생한 얼굴들을 능숙하게 만들고, 더 기술적으로 소송을 변호하고, 하늘의 움직임을 계기로 관측하여 좌표를 만들고, 별들의 출현을 예고할 수 있을 것이다. 그러나 당신, 로마인이여. 당신들은 당신들의 권위로 다른 민족들을 지도해야만 한다는 것을 기억해야 한다. 왜냐하면 당신들은 이런 기술을 가지고 있기 때문이다. 즉 전통을 접목하여 평화를 일구고, 정복당한 자에게는 자비를 베풀며, 거만한 자들과는 그들이 굴복할 때까지 싸우는 것이다.

로마의 문화적 성취에 대한 안키세스의 평가는 공정하다고 할 수 없다. 공화정기 로마인의 재능을 그리스인의 폭넓은 재능에 견줄 수는 없다. 로마인 자신도 이를 인정하고 그리스인의 재능을 흠모했다. 그럼에도 불구하고 로마 공화정은 자신만의 재능을 갖고 있었으며, 이는 정복과 통치뿐 아니라 문학과 예술에서도 그러했다. 여러 곳에서 많은 영향을 받았으며 이를 기반으로 플라우투스와 키케로의 작품들, 그리고 폼페이의 회화들은 로마인이 소중히 여기던 가치들을 반영하며 살아 있는 로마인의 세계를 보여준다. 공화정의 유산이 없었더라면 아우구스투스 시대의 문화적 황금기는 도래할 수 없었을 것이다. 그리고 아우구스투스 시대의 황금기는 바로 로마 제정기의 불후의 업적들에 이르는 길을 닦았던 것이다.

제 8 장

---

# 로마 공화정
# 최후의 시기

역사상 어느 시기도 상처 가득한 로마 공화정의 마지막 날들보다 더 눈길을 끌지는 못할 것이다. 고대 세계가 아는 가장 위대한 세력이었던 로마 공화정은 엄청난 유혈 사태 속에서 스스로 붕괴했다. 기원전 2세기의 위기들은 원로원의 집단적 권위를 손상시켰다. 뒤이어 공화정 후기를 지배한 1세대 군사 지도자들이 등장했다. 마리우스와 술라를 계승한 이들은 제1차 삼두정을 형성한 마르쿠스 리키니우스 크라수스, 그나이우스 폼페이우스 마그누스, 그리고 가이우스 율리우스 카이사르였다. 크라수스가 사망한 이후, 폼페이우스와 카이사르의 동맹은 와해되었고 내란이 시작되었다. 승리자는 카이사르였다. 기원전 44년 3월 15일에 카이사르가 살해되었지만, 공화정은 살아나지 못했다. 마르쿠스 유니우스 브루투스와 동료 '해방자들'의 무모한 행위는 로마를 또다시 10년간의 내란으로 몰아갔을 뿐이다. 마침내 카이사르의 양자 옥타비아누스는 기원전 31년 악티움에서 안토니우스와 클레오파트라를 격파했다. 4년 뒤 옥타비아누스는 아우구스투스라는 칭호를 부여받았으며, 로마 공화정은 로마 제정에 자리를 내주었다.

오늘의 관점에서 돌이켜보면, 공화정의 몰락을 거의 예정된 일처럼, 즉 마치 버틸 수 없는 높이에서 어쩔 수 없이 추락할 수밖에 없었던 사건으로 보기 쉽다. 사태의 전개에 어떠한 외부 위험도 결정적인 역할을 하지는 않았다. 갈등은 내부에서 비롯되었다. 제국을 통치하는 데 필요한 요구들에 공화정 시기의 사회와 정부가 대응하는 과정에서 빚어졌고, 로마의 팽창 동력이었던 귀족 간의 경쟁 그리고 '영광'과 '위엄'의 압박에서 비롯되었다. 사병화된 군대들, 점점 늘어가는 부로 인해 경쟁은 더욱 격화되었고, 결국 한 사람의 수중에 위엄, 부, 군사적 지배권이 집중될 때까지 싸움은 그치지 않았다. 그러나 어떠한 역사도 진정으로 불가피한 것은 아니다. 마지막 시점에조차 사람들은 공화정과 이상을 위해 죽을 준비가 되어 있었다. 공화정의 몰락은 불가피한 운명이 아니었다. 이것은 야망과 자기희생, 천재성과 어리석음이 섞여 있는 지극히 인간적인 이야기이다. 공화정의 마지막 시기가 사람들에게 지속적으로 호소력을 갖는 이유는 저 깊은 곳에 이같은 인간적 보편성이 자리잡고 있기 때문이다.

### 지는 해와 뜨는 해

공화정에 첫번째로 결정적 타격을 가한 이는 술라였다. 기원전 88년 경쟁자였던 마리우스에게 지휘권이 넘어가는 사태를 막기 위해 로마로 진격한 술라는 이때 공화정의 본질 자체를 위협했다. 자신의 사병들을 동원해 원로원의 집단적 권위도, 민회도 대항할 수 없는 힘을 가진 술라, 로마를 장악한 술라는 독재자가 되지 않았다. 그가 직면한 과제는 로마의 아시아 속주를 침입한 폰투스의 왕 미트리다테스를 제압하는 것이었다. 뒤이은 5년 동안 술라는 로마의 정치에 등을 돌리고 동방 원정에 몰두했다. 그가 로마를 비운 사이에 정적들이 결집했다. 마리우스가 기원전 86년 자신의 일곱번째 집정관 임기를 시작된 직후 사망했음에도 불구하고, 술라의 적들은 여전히 버티고 있었다. 기원전 83년 술라가 이탈리아로 돌아왔을 때 적들은 삼니움인과 동맹을 맺고 있던 상태였다. 삼니움인은 동맹시 전쟁이 끝난 이후에도 여전히 싸움을 계속하던 이탈리아 반도에 남은 유일한 세력이었다. 술라는 또다시 로마로 진격했다. 각자 군대를 소집한 크라수스와 폼페이우스가 술라에게 합류했다. 이 둘의 도움으로 술라는 로마의 콜리나 성문(Collina Gate)에서 적들을 격파했다.

이제 술라는 로마를 지배했다. 자신의 지위를 공식화하기 위해 독재관이라는 오래된 관직을 부활시켰다. 독재관은 제2차 포에니 전쟁 이래 선출되지 않고 있던 자리였다. 전통적인 독재관과 달리 술라는 최대 6개월이 아니라 무한정 그 자리에 앉아 있으려 했다. 동시대인이 보기에 사실상 왕과 같은 존재였다. 이러한 권위로 무장한 술라는 적들을 공격했다. 로마에서 처음으로 '법적 보호의 박탈(proscription)'이라는 조처가 취해졌다. 이는 재판에 회부하지 않고 제거할 수 있는 사람들의 이름을 길게 작성한 것이었다. 적어도 80명의 원로원 의원들과 2,600명의 기사 계층이 살해되거나 추방되었다. 실제로는 더 많았을 것이다. 술라는 죽은 사람들의 재산을 몰수하여, 자신에게 충성을 바친 병사들에게 주기로 약속했던 토지를 확보할 수 있었다(도시 폼페이는 술라의 군사 식민시였다). 그의 지지자들은 이 기회를 이용하여 값싼 토지를 사들였다. 크라수스와 폼페이우스는 로마의 가장 부유한 두 사람이 되었다.

독재관 직이 부활하고 무시무시한 처형이 집행된 이후, 술라는 로마 역사상 가장 미움받는 사람들 중 하나가 되었다. 한편 술라는 진정한 공화주의자였다. 일단 자신의 지위가 안전

7. 공화정의 마지막 세기.

트라키아

피

트로이
페르가뭄

흑해

칼카스 산맥

카스피 해

비티니아

폰투스

아르메니아

메디아

카파도키아

티그라노케르타

카라이

킬리키아

키프루스

시리아

유프라테스 강

티그리스 강

파

르

티

아

팔레스티나

예루살렘

알렉산드리아

페르시아 만

아라비아

이집트

나일 강

홍해

해지자 원로원에 그라쿠스 시대 이전의 권위를 회복시켜주기 시작했다. 그러기 위해서는 원로원의 집단적 화합에 도전하는 마리우스나 자신 같은 예외적인 군사 지도자들이 다시 출현하지 않도록 예방하는 조치를 취해야 했다. 술라는 행정관직에 오를 수 있는 최소 연령과 재무관에서 집정관에 이르는 정상적인 관직 역임의 단계를 준수하도록 법을 제정했다. 그는 재무관의 수를 20명으로, 법무관의 수를 8명으로 늘려 통치 부담을 줄였으며, 법정을 원로원의 통제 아래 재조직했다. 또한 기원전 88년 자신에게서 지휘권을 빼앗아간 호민관들의 권한을 대폭 축소했다. 호민관의 거부권은 개인의 권위를 보호하는 일로 한정되었으며, 국가의 문제에 사용하는 것은 금지되었다. 게다가 호민관이 제안한 법은 모두 원로원의 승인을 받아야 했다. 심지어 호민관이 된 사람은 이후 다른 공직을 보유할 수 없게 되었다. 야심가들이 그 지위를 탐하지 못하게 하기 위해서였다. 적어도 이론상으로는 향후 제2의 그라쿠스 형제가 결코 나타날 수 없었다.

개혁을 완수하고 나서 술라는 기원전 79년 자진해서 모든 관직을 사임하고 개인의 생활로 은퇴함으로써 로마 세계를 깜짝 놀라게 했다. 동시대인들에게 그랬던 것처럼, 오늘날의 학자들에게도 술라는 수수께끼 같은 존재이다. 야심만만하고 무자비했던 술라는 영광을 추구하는 귀족들의 경쟁을 새로운 수준에 올려놓았다. 하지만 말년에 공화정의 가치를 회복시키기 위해 헌신했다. 술라는 기원전 78년, "나는 (친구에게는) 최고의 친구였고, (적에게는) 최악의 적이었다"는 묘비명을 남기고 사망했다. 그러나 생전에 공화정을 강화하려 했던 그의 노력은 물거품이 되었다. 술라의 개혁을 파괴할 인물이 그가 사망하기 전에 이미 등장해 있었다. 바로 그나이우스 폼페이우스 마그누스였다(마그누스는 '위대한 자'라는 뜻이다).

기원전 83년 자신이 소집한 3개 군단과 함께 술라의 진영에 들어간 폼페이우스는 23세에 불과했고 공직 경험이 전혀 없었다. 그는 부, 능력, 넘치는 카리스마와 그에 걸맞은 자신감을 가졌다. 초기의 군사 원정들을 통해 폼페이우스는 '젊은 도살자(adulescentulus carnifex)'라는 별명을 얻었다. 하지만 '마그누스'라는 칭호를 더 좋아했다. 이는 알렉산드로스 대왕을 모방하여, 자신에게 부여한 명예로운 별칭이었다. 폼페이우스는 술라가 막으려 노력한 것을 체현한 인물이라 할 수 있다. 즉 기존 질서에 도전하고, 공화정 정치의 전통적인 경로를 무시한 인물이었다. 그러나 원로원은 높아가는 폼페이우스의 인기와 명성을 저지하기에는 무력한 듯했다. 그가 술라에게 말했던 것처럼, "더 많은 사람들이 지는 해보다 떠오르는 해를 숭배"했던 것이다.

술라의 죽음 이후 제1차 삼두정이 성립될 때까지 20년 사이에 공화정의 쇠퇴와 몰락에 있어 결정적 국면이 연출되었다. 술라의 개혁은 사실상 원로원의 영향력을 강화했다. 통치 구조와 사법 체계가 개선되었으며, 원로원의 지배를 회복할 만한 기초가 형성되었다. 이제 필요한 것은 개혁된 공화정 체제를 견고히 다지기 위한 평화와 안정이었다. 하지만 귀족들의 경쟁과 로마 제국의 규모 자체 때문에, 이는 결코 달성할 수 없는 목표였다. 기원전 70년대와 60년대의 공화정의 역사는 연이은 위기들을 통해 이해해야 한다. 이러한 위기 속에서 로마의 군사 기구를 통제하던 군사 지도자들은 즉각 이득을 얻었다.

술라가 사망한 직후에 집정관인 마르쿠스 아이밀리우스 레피두스(Marcus Aemilius Lepidus)는 권력을 독차지하려 했다. 이 사소한 반란의 와중에 원로원의 약점이 노출되었다. 왜냐하면 기존 행정관들이 반란자들에 맞서 싸울 군대를 소집할 수 없었기 때문이다. 그때 우연히 근처에 있던 폼페이우스는 자신의 병사들을 동원하여 레피두스를 격파했다. 그런 다음 원로원의 승인을 얻어 스페인으로 갔다. 스페인에서는 마리우스의 오랜 추종자인 외눈박이 퀸투스 세르토리우스(Quintus Sertorius)가 반란을 일으켰다. 전투는 치열했다. 세르토리우스가 게릴라전의 대가임을 입증했기 때문이다. 하지만 결국 폼페이우스가 전투를 우세하게 이끌었고, 세르토리우스는 휘하 병사에 의해 살해되었다. 승리를 통해 폼페이우스는 영광을 획득했다. 또한 로마가 차지하고 있던 스페인 지역을 재조직하여 부를 얻었고 현지 인민의 지지를 획득했다. 그러고 나서 기원전 71년 로마로 돌아왔다.

폼페이우스가 이탈리아를 떠나 있던 동안, 로마는 새로운 위기, 즉 고대의 가장 유명한 노예 반란에 의해 괴로움을 당하고 있었다. 기원전 73년 트라키아 출신의 한 검투사는 약 70명의 동료들과 함께 카푸아(Capua)의 검투사 학교에서 도망쳐 나왔다. 그의 이름은 스파르타쿠스(Spartacus)였다. 그는 생계 수단을 상실한 농부들과 노예들을 끌어모아 군사로 훈련시켰다. 그들의 병력은 기원전 72년 집정관이 이끄는 군대를 격파했으며, 베수비오 산 주변에 만든 기지들을 근거로 중부 이탈리아의 상당 부분을 공략했다. 기원전 71년 스파르타쿠스를 추적해 몰아내기 위해 선택된 사람은 크라수스(Crassus)였다. 크라수스는 체계적으로 또 무자비하게 반란을 진압했다. 스파르타쿠스는 전사하고 추종자 6,000명은 십자가형을 받아 카푸아에서 로마에 이르는 아피아 가도를 따라 죽 늘어서 있었다. 소집단 하나가 도피했지만, 로마로 돌아오고 있던 폼페이우스에 의해 궤멸되었다. 스파르타쿠스의 반란은 전설 속에 길이 남게 되었다. 그러나 반란 노예들에 의해 원로원이 소집한 군대가 치욕을 당함으로써 원로원은 더욱 약화되었다. 이제 원로원은 경쟁하는 두 명의 군사 지도자들에 맞서야 했다.

스파르타쿠스의 패배 이후 폼페이우스도 크라수스도 각자의 군대를 해산하지 않았다. 그들의 병사들은 로마 시 밖에 주둔했다. 두 사람은 합의에 이르렀고, 함께 집정관 직에 출마했다. 크라수스는 충분한 연령에 이르렀고 행정관 직도 역임한 바 있었으므로 합법적인 후보자였다. 폼페이우스는 이제 겨우 36세였고, 공직 경험도 전혀 없었다. 그럼에도 불구하고 두 사람이 기원전 70년에 집정관에 선출되는 것은 기정사실이었다. 그러므로 폼페이우스는 공화정의 전통을 대놓고 비웃으면서 집정관으로서 원로원에 들어가게 되었다. 그들의 임기 동안 호민관의 권력이 완전히 회복되었다. 이는 원로원에 권위를 집중시키려던 술라의 노력에 다시금 타격을 가했다. 그리고 불안정한 세력균형을 뒤흔들 새로운 위기가 오래 잊혀졌던 영역에서 나타난다.

해적은 로마 초기부터 지중해 세계의 위험 요소였다. 기원전 1세기에 그들의 위험은 유행병처럼 크게 확산되었다. 주요 원인은 로마가 이전에 해적들을 저지해왔던 해양 국가들인 카르타고와 로도스를 불구로 만들어놓았기 때문이다. 기원전 60년대 초에 이탈리아의 해상 도시들이 공격을 받아 로마의 주민들이 의존하고 있던 곡물 공급이 위협받았다. 청년 율리우스 카이사르는 동방을 여행하는 동안 해적 무리에게 붙잡혀 엄청난 몸값을 지불한 후 귀환했다. 이후 카이사르는 그를 잡았던 해적들을 십자가형에 처했다. 하지만 다른 로마인들은 운이 나빴다. 기원전 67년 해적의 위협을 종식시키기 위해 폼페이우스에게 지휘권을 부여하는 법이 통과되었다. 폼페이우스에게 제공된 병력은 엄청났다. 즉 12만 4,000명의 병사와 270척의 선박으로, 이는 한 개인에게 할당된 병력으로는 공화정 역사상 최대 규모였다. 그는 해상에서 완전한 명령권을 보유했는데, 이는 내륙 80킬로미터까지 확대되었다. 이러한 권력으로 무장한 폼페이우스는 5개월이 채 지나지 않아 지중해에서 해적을 소탕했으며, 소아시아 남부의 킬리키아(Cilicia)에 자리잡은 해적 기지들을 점령했다. 그는 전통적 방식으로 자신의 공적을 기념하여 킬리키아의 주요 도시를 폼페이오폴리스(Pompeiopolis)로 개명했는데, 자신의 영웅 알렉산드로스 대왕의 선례를 모방한 것이었다.

경이적 성공으로 자신감에 가득찬 폼페이우스는 뒤이어 로마의 가장 집요한 적이었던 폰투스의 왕 미트리다테스를 처리하는 일에 착수했다. 이 전쟁은 중단되었다가 재개되기를 반복하면서 20년 이상 지속되고 있었다. 폼페이우스가 지휘권을 장악했을 때, 미트리다테스는 이미 패배한 상태였다. 그는 기원전 63년에 마침내 죽음을 맞았으며, 뒤이어 폼페이우스는 동방의 로마 영토를 재조직했다. 폰투스, 비티니아, 킬리키아, 그리고 시리아의 해안 지역이 마침내 로마의 속주들로 편입되었다. 이는 로마가 최초로 그리스 쪽 동방 지역을 점령한 이후 한 세기가 지난 때였다. 이 속주들 너머에는 로마의 우월함을 인정하는 예속 왕국들이 있었으며, 여기에는 유다 왕국과 아르메니아 왕국이 포함되었다. 아르메니아 왕국은 특히 로마와 파르티아(Parthia) 제국 사이에서 중요한 완충지대가 되었다. 이란의 파르티아 제국은 기원전 1세기에 로마의 주요 경쟁자로 등장한 터였다. 새로 만든 속주들로부터 거두어들인 세공은 국가 세입의 2배가 넘었다. 폼페이우스도 자신들의 왕좌를 지키기 위해 왕들이 지불한 엄청난 금액을 수중에 넣었고, 동부 지중해 전역에 걸쳐 거대한 피보호민 집단을 거느리게 되었다. 그는 로마 역사상 가장 부유한 사람이 되어 로마로 돌아왔다. 그리고 기원전 62년에 전례 없이 화려한 개선식을 거행했다.

행렬의 선두에는 그가 무찌른 나라들의 이름이 적힌 그림판이 운반되었다. 다음과 같은 나라들이다. 폰투스, 아르메니아, 카파도키아, 파플라고니아, 메디아, 콜키스, 이베리아, 알바니아, 시리아, 킬리키아, 메소포타미아, 페니키아, 팔레스틴, 유다, 그리고 아라비아. 이외에도 바다와 육지에서 격파된 해적 세력들이 있었다. 이러한 군사 원정을 통해 그는 1,000개 이상의 요새들과 900여 개의 도시들을 점령하고, 800척의 해적선을 포획했다. 그리고 39개의 도시들을 건설했다.

어느 누가 이 정도로 위세 당당한 개선장군과 경쟁할 수 있을까? 로마 귀족들의 경쟁 수준은 거의 가늠하기 어려울 정도로 높이 치솟았다. 원로원의 많은 의원들이 폼페이우스의 탁월함을 두려워했다. 그 결과 교착 상태가 이어졌다. 로마로 돌아오자 폼페이우스는 자신이 동방을 재조직한 일에 관해 원로원의 승인을 요청했다. 그리고 약속한 대로 자신의 퇴역병들에게 토지를 하사할 것을 요청했다. 과거의 경쟁자인 크라수스가 지지하고 나섰다. 그는 동방 속주들에서 징수한 세금을 사용하기를 원했기 때문이다. 폼페이우스는 만만찮은 강적이 이끄는 보수파 원로원 의원들의 반대에 부딪혔다. 그들을 이끈 이는 도덕적 성실성에서나, 타협을 거부하는 완강함에서나 자신의 증조할아버지인 대카토의 모범을 따르고 있는 소(小)카토(Marcus Porcius Cato the Younger)였다. 폼페이우스는 폭력에 의존할 준비가 되어 있지 않았다. 과거 술라에게 쏟아졌던 증오의 대상이 될까 두려웠기 때문이다. 더구나 자신의 목적을 성취하는 데 필요한 정치적 기술을 갖고 있지 못했다. 이러한 난국은 이제까지 상대적으로 덜 중요했던 한 인물을 중앙 무대에 등장시켰다. 가이우스 율리우스 카이사르였다.

## 카이사르와 폼페이우스

기원전 100년에 태어난 카이사르는 유명한 율리우스 씨족의 후손이었다. 율리우스 씨족의 조상은 로물루스를 거쳐 아이네아스까지, 심지어 여신 베누스까지 거슬러올라간다. 그것은 대단한 '위엄'의 원천이었다. 하지만 그의 가문은 정치적으로는 특출나지 않았다. 카이사르는 폼페이우스보다 훨씬 관례적인 경력을 쌓았다. 통상의 연령에 이르러 통상의 하급 관직을 보유했다. 가장 눈에 띄는 성취는 기원전 63년 국가 종교의 수장인 '최고 대사제' 직에 선출된 것이었다. 스페인에서 몇 번의 소규모 원정을 통해 승리를 거둔 카이사르는 기원전 60년 개선식을 거행하고 집정관 직에 출마하기 위해 로마로 돌아왔다. 카토와 보수파들은 개선식과 집정관 출마 중 하나만 선택하라고 강요했고, 카이사르는 후자를 선택했다. 그는 정치적 재능과 카리스마를 통해 서로 경쟁하고 있던 폼페이우스와 크라수스가 서로 연합하도록 만든 후에, 그들을 배경으로 삼았다. 카이사르는 두 사람에게 각자 원하는 바를 이룰 수 있도록 보장하겠다고 약속하였고, 그들은 카이사르가 기원전 59년 집정관에 선출되도록 돈과 영향력을 지원했다.

이렇게 하여 제1차 삼두정, 즉 삼자 간의 비공식 동맹이 성립되었다. 이는 폼페이우스가 카이사르의 딸 율리아(Julia)와 결혼함으로써 더욱 굳건해졌다. 카이사르는 정당하게 집정관으로 선출되었다. 비록 동료 집정관인 마르쿠스 칼푸르니우스 비불루스(Marcus Calpurnius Bibulus)가 카토의 친구였고 카이사르에게는 단연코 적대적이었지만 말이다. 카이사르는 자신이 내민 법안들이 원로원의 승인을 얻지 못하자 그것을 민회로 가져가 폼페이우스와 크라수스의 지지를 받아 통과시켰다. 비불루스는 포룸에서 군중이 던진, 점잖게 '오물'이라 표현할 수 있는 것을 뒤집어쓰고는 공직에서 은퇴했다. 집에 머물러 있던 그는 자신이 불길한 징조를 보았다고 선언했다. 이러한 종교적 구실에 의한 개입은 기술적으로 카이사르의 법들을 불법으로 만들었다. 왜냐하면 신들의 승인 없이 통과되었기 때문이다. 이러한 비난은 차후 카이사르의 말년에 다시 그를 괴롭힐 터였다. 하지만 당시에는 제1차 삼두정치가 최고의 권세를 누리고 있었다. 통과된 카이사르의 법들을 통해 폼페이우스의 퇴역병들에게 줄 토지가 마련되었고, 동방의 속주 재조직과 세금 징수 계약이 승인을 받았다. 카이사르는 임기를 마치고 자신의 부와 '영광'을 추구하기 위해 갈리아로 출발했다.

갈리아 지역 전체는 세 부분으로 나뉘어 있다. 각각 벨가이 족, 아퀴타니 족, 그리고 우리는 갈리아 족(Gauls)이라 부르지만 스스로는 켈트 족이라 부르는 사람들이 거주하는 지역이다.

카이사르의 『갈리아 전기』는 이렇게 시작한다. (3인칭으로 쓰인) 이 저술은 갈리아에서의 자신의 정복을 정당화하고 기념하기 위한 것이었다. 『갈리아 전기』의 인기로 인해 카이사르의 정복은 낭만적 이미지에 휩싸였다. 예컨대 갈리아인 족장 베르킨게토릭스(Vercingetorix)와의 싸움이 특히 그러한 인상을 심어주었다. 그 족장은 최종적으로 알레시아(Alesia)에서 카이사르에게 패배하기 전에, 게르고비아(Gergovia)에서 카이사르를 격파하기도 했다. 그러나 좀더 냉정한 시각에서 보면, 갈리아 전쟁은 대량 학살이라는 표현이 더 정확할 것이다. 왜냐하면 10여 년 동안 카이사르가 살해하거나 노예로 만든 사람이 대략 100만 명에 달했기 때문이다. 그의 군사행동은 로마의 세력이 최초로 라인 강을 넘어 독일 지역으로, 또 해협을 건너 브리튼 섬으로 침투했다는 점에서도 의미가 있다. 하지만 실속은 거의 없는 원정이었다. 정복 과정을 통해 의문의 여지 없이 확인된 것은 카이사르의 야망과 군사적 용맹성이었다. 이제 그는 폼페이우스의 최고 권력에 도전하는 데 필요한 영광, 부, 그리고 경험이 풍부한 군대를 가지게 되었다.

로마에서는 또다시 문제가 생기고 있었다. 삼두정치인에게 반대했다는 이유로 일시적으로 망명해야 했던 키케로가 보수파 원로원 의원들과 힘을 합쳐 폼페이우스를 카이사르에게서 분리시켰다. 제1차 삼두정치가 약화되기 시작하자, 카이사르는 갈리아 원정을 중단하고 기원전 56년 삼두정치인과 만나기 위해 루카(Lucca) 회담에 참석했다. 세 사람은 동맹을 재확인했다. 갈리아에서 카이사르의 지휘권은 연장되었다. 한편 폼페이우스와 크라수스는 같이 집정관 직을 맡았다. 임기를 마친 크라수스는 군사적 영광을 얻기 위해 동방으로 출발했다. 그러나 다시 균열이 생기기 시작했다. 폼페이우스와 율리아의 성공적인 결혼 생활은 기원전 54년 출산을 하던 율리아가 비극적으로 숨을 거둠으로써 끝나게 되었다. 결국 카이사르와 폼페이우스의 중요한 유대가 파괴되었다. 자신보다 좀더 야망이 큰 두 동료 사이에서 균형을 잡아주던 크라수스는 파르티아 제국의 공격에 착수했다. 하지만 로마인은 아직 파르티아의 진정한 힘을 파악하지 못하고 있었다. 크라수스가 이끄는 군대는 기원전 53년 파르티아의 중기병과 궁기병들의 혼성군에 의해 카라이(Carrhae)에서 몰살당했다. 로마 세계는 두 진영으로 나뉘기 시작했다. 폼페이우스와 카이사르가 공존하기에는 로마 제국조차 충분히 크지 않았다.

공화정 몰락의 시작을 알리는 두 거물급 군사 지도자의 충

11. 폼페이우스(좌)와 카이사르(우)의 흉상.

돌은 극히 로마적인 내란이었다. 두 사람은 애국심 때문에 싸운 것도, 혹은 로마의 미래에 대한 경쟁적인 사명감 때문에 싸운 것도 아니었다. 이는 권력욕, 영광, 그리고 위엄, 즉 로마 엘리트의 이기적 원칙에서 비롯된 투쟁이었다. 로마의 자기 파괴적인 경쟁 심리는 정점에 이르게 되었다. 갈리아에서 카이사르의 10년 원정이 끝나자, 적들은 모두 모여 그에게 유죄 판결을 내렸다. 폼페이우스는 카이사르가 자신의 탁월함에 위협이 되고 있음을 깨닫고는, 카토나 보수파들과 연합하여 '공화정'의 대의의 옹호자를 자처했다. 한 세대 전에 술라가 그러했던 것처럼, 전쟁이냐 정치적 사망이냐의 기로에 서자 카이사르는 전쟁을 택했다. 병사들에게 자신의 '디그니타스'를 지켜달라고 호소한 다음, 기원전 49년 1월 11일 저 유명한 "주사위는 던져졌다(alea iacta est)"는 말과 함께 루비콘(Rubicon) 강을 건너 이탈리아의 로마 영토로 들어갔다. 약 한 세기가 지난 후, 네로 황제 시대의 시인 루카누스(Lucanus)는 당시를 돌아보며 다음과 같이 간략하게 표현했다. "카이사르는 우월한 자를, 폼페이우스는 동등한 자를 용납하지 않았다."

뒤이은 5년 동안 폭력은 지중해 세계 구석구석으로 퍼져나갔다. 폼페이우스는 동방으로 후퇴하여 지지자들을 불러모았고, 카이사르는 그를 추적했다. 마침내 기원전 48년 두 사람은 중부 그리스의 파르살로스(Pharsalos)에서 전투를 치르게 되었다. 카이사르의 병력은 상대의 절반 정도였으나 노련한 정예군이었고, 카이사르 자신이 몸소 측면 공격을 지휘하여 폼페이우스의 군대를 격파했다. 이때 카이사르로부터 용서를 받은 포로들 중에는 키케로와 브루투스가 포함되어 있었다. 폼페이우스는 이집트로 도주했지만, 이집트의 왕인 프톨레마이오스 13세의 명령을 받은 배반자에 의해 해변에서 살해되었다. 카이사르는 폼페이우스를 살해한 자들을 처형하고, 프톨레마이오스의 누이인 클레오파트라와 동맹을 형성했다. 프톨레마이오스 13세는 살해되었다. 카이사르는 클레오파트라와 새로 태어난 그녀의 아들 카이사리온(Caesarion)에게 이집트를 맡겼다. 클레오파트라는 동생인 프톨레마이오스 14세와 결혼했으나 곧 남편을 잃었다.

폼페이우스가 죽었음에도 불구하고 카이사르에게는 아직 많은 적들이 남아 있었다. 그중 일부는 그리 위험하지 않았다. 예컨대 미트리다테스의 아들 파르나케스(Pharnaces)는 기원전 47년 일주일도 안 돼 제압했다. 카이사르는 간결한 표현, 즉 "왔노라, 보았노라, 이겼노라(veni, vidi, vici)"로 승리를 기념했다. 훨씬 더 위협적인 이들은 소카토가 이끄는 공화정이라는 명분의 수호자들이었다. 카이사르는 기원전 46년 북아프리카의 탑수스(Thapsus)에서 그들의 군대를 무찔렀다. 이를 알게 된 소카토는 카이사르에게 자비를 구하느니 차라리 자살을 택했다. 공화정을 위한 순교였다. 후일 많은 로마인들은 그와 함께 공화정도 사망했다고 믿었다. 그때 폼페이우스의 지지자들이 스페인에서 재집결했다. 기원전 45년 문다(Munda)에서 양측은 가장 거칠고 피비린내 나는 전투를 벌였다. 카이사르는 이 전투에서 승리함으로써 로마 세계의 유일한 지배자 지위를 확인했다.

## 3월 15일

내란으로 인한 파괴로 공화정은 엉망이 되었다. 속주들은 무질서해졌고, 원로원은 통치 기구의 권위를 완전히 상실했다. 카이사르는 자신도 로마의 파괴에 일조한 바 있지만, 파괴된 로마를 재건해야만 했다. 놀라우리만치 짧았던 단독 지배자로 통치하던 동안, 그는 차후 로마 제정기의 역사에서 발견되는 핵심적 발전 요소들의 기초를 놓았다. 속주 행정과 징세 체계가 재조직되었다. 로마 시민권이 이탈리아 밖으로, 즉 갈리아, 스페인 등의 지역으로 확대되었다. 카르타고와 코린토스와 같이 버려진 도시들을 부흥시키기 위해, 그리고 해산된 카이사르 군대의 퇴역병들을 정착시키기 위해 식민시들이 건설되었다. 로마 내에서 카이사르는 1년 365.25일 체제의 태

양력을 만들어, 부정확한 태음력을 대체했다. 그리고 일자리를 제공하고, 로마 시와 자신의 영광을 드높이기 위해 공공사업 프로그램을 시작했다.

카이사르의 개혁들 중 직접적인 반대를 불러일으킨 조치는 거의 없었다. 증오를 불러일으킨 것은 카이사르 자신의 권력을 표현하는 수단 자체였다. 통제 체제를 유지하기 위하여, 카이사르는 혐오의 대상이 되었던 술라보다도 더 오래 독재관 직을 보유하겠다고 주장했다. 기원전 45년에는 카이사르가 독재관 직을 10년 동안 보유할 거라는 포고령이 내려졌는데, 이는 이듬해인 기원전 44년 초에 종신 독재관이 되겠노라는 선언으로 대체되었다. 로마와는 전혀 걸맞지 않은, 카이사르가 공화정 정서에 대한 감각을 상실했음을 드러내는 조처였다. 행정관들은 더이상 선거로 선출되지 않고 카이사르에 의해 임명되었는데, 임기 시작 이전에 이미 5년 임기로 지명되기도 했다. 원로원은 여러 결정 사항들에 대해 투표하기는 했지만, 이미 카이사르가 결정해둔 사안들이었다. 키케로는 자신이 결코 본 적이 없는 법안들의 투표에 자신의 이름이 사용되었다고 불평했다. 다섯번째 달인 퀸크틸루스(Quinctilus) 달은 율리우스(Julilus, 영어 'July'의 어원) 달로 바뀌었다. 카이사르가 기원전 44년 2월 루페르칼리아(Lupercalia) 축제에서 마르쿠스 안토니우스가 제시한 왕관을 대놓고 거절했음에도 불구하고, 카이사르가 왕(rex)이 되고 싶어한다는 소문은 결코 사라지지 않았다. 수세기 동안 왕이라는 칭호를 혐오한 문화에서 카이사르는 너무도 눈에 띄는 독재자였다.

기원전 44년이 시작될 무렵 카이사르는 대규모 파르티아 원정을 준비하고 있었다. 크라수스를 위해 복수하고, 로마의 긴장된 분위기를 떨쳐버리기 위해서였다. 카이사르가 출발 계획을 수립하자, 적들은 그를 습격할 날짜를 결정하게 되었다. 카이사르는 자신이 미움을 받고 있음을 잘 알고 있었다. 아내 칼푸르니아(Calpurnia)는 남편이 살해되는 꿈을 꾸었다. 점술가 스푸리나는 3월 15일을 조심하라고 경고했다. 운명의 날, 원로원 회의에 참석하기 위해 가던 중에 "카이사르는 예의 점술가를 만나자, 농담을 던지며 그에게 인사를 건넸다. '3월 15일이 왔다네.' 그 말에 점술가는 부드러운 목소리로 대답했다. '그렇군요. 하지만 그날이 다 지나지는 않았답니다.'" (플루타르코스) 원로원에서 의원들에게 둘러싸인 카이사르는 난도질을 당하고, 자신이 복구한 폼페이우스의 조각상 아래 쓰러져 죽음을 맞았다.

60명이 넘는 사람들이 카이사르 살해 음모를 알고 있었다. 이는 그가 불러일으킨 적대감이 얼마나 깊었는지를 웅변하고 있다. 카이사르에게 경탄했던 것만큼이나 그를 두려워했던 키케로는 냉담한 편지 속에서 그의 죽음을 '가장 호화로운 향연'이라 부르며 환호했다. 스스로를 '해방자들'이라 부른 음모자들의 우두머리는 마르쿠스 유니우스 브루투스(Marcus Junius Brutus)였다. 그는 소카토의 사위이자, 기원전 510년 왕정을 폐지한 브루투스의 후손이었다. 카이사르가 마지막 말("너마저도, 아들아kai su teknon")을 남긴 대상이었다. 이 말은 셰익스피어의 희곡에서 "브루투스 너마저도(et tu Brute)"로 바뀌었다. 브루투스는 파르살루스 전투 때 카이사르의 자비를 입은 바 있으며, 장래의 공직이 보장되어 있었다. 그러므로 순전히 야망 때문에 일을 벌인 것은 아니었다. 물론 공모자들의 동기는 매우 다양했다. 개인적인 적의도 작용했고 카이사르가 통제하게 된 관직과 영예를 되찾으려는 경쟁 욕구도 한몫했을 것이다. 그러나 이 '해방자들'은 공히 카이사르가 죽임을 당한 후의 미래를 그려볼 능력이 없었다. 단순히 과거의 공화정이 회복되기를 희망했을 수도 있다. 하지만 공화정은 이미 사망했다. 카이사르의 죽음은 다른 이들이 채워야 할 권력의 공백을 남겨놓았을 뿐이다.

카이사르는 자신의 죽음으로 또다른 내란이 일어나리란 사실을 정확히 예측했다. 브루투스와 '해방자들'은 카이사르의 직속 부관인 마르쿠스 안토니우스(Marcus Antonius)에 의해 로마에서 쫓겨났다. 그러나 안토니우스 자신은 카이사르의 종손인 18세의 가이우스 옥타비우스(Gaius Octavius)의 도전을 받게 되었다. 옥타비우스는 카이사르의 유언장에 따라 카이사르의 아들이자 상속자로, 즉 가이우스 율리우스 카이사르 옥타비아누스(Gaius Julius Caesar Octavianus)로 입양되었다. 안토니우스와 옥타비아누스는 마르쿠스 아이밀리우스 레피두스와 더불어 제2차 삼두정을 형성했다. 키케로는 기원전 43년 이들 권력자에게 희생되었다. 기원전 42년에 브루투스가 자살했다. 그러나 제2차 삼두정은 전임자들의 삼두정보다 안정적이지 못했다. 무능한 레피두스는 소외되었고, 또다시 로마 세계는 이탈리아의 옥타비아누스, 그리고 새로운 동맹자인 이집트의 클레오파트라와 힘을 합친 안토니우스의 세력으로 양분되었다. 기원전 31년 악티움 해전에서 패배한 안토니우스와 클레오파트라는 이집트로 도주했고 결국 자살했다. 로마 세계의 지배자는 옥타비아누스였다. 4년 후 그는 아우구스투스라는 칭호를 얻었다.

로마 공화정은 약 500년 동안 지속했다. 왕의 추방에서 시작하여 황제의 등장으로 끝나는 이야기이다. 로마 시는 이탈리아 반도에서 생존을 위해 싸우던 작은 도시에서 광대한 지중해 제국의 여왕으로 변모했다. 로마 제국의 지배권은 단지 내부 투쟁에 의해서만 위협받을 수 있었다. 그러나 공화정의 승리와 비극은 서로 떨어질 수 없이 얽혀 있었다. 공화정의 독특한 정치체제는 로마에 안정을 가져오고 원로원의 집단적 권위는 사회를 하나의 방향으로 이끈 반면, 귀족들의 경쟁과 '영광'을 향한 갈망으로 인한 사회적 압력은 로마를 팽창의 길로 몰고 갔다. 하지만 팽창으로 인해 공화정이 감당해낼 수 없는 사회적·정치적·경제적 힘들이 분출되었다. 경쟁의 수위가 높아감에 따라, 권력은 군사 지도자들의 수중으로 넘어갔다. 그들의 경쟁은 내란으로 발전했다. 그러나 공화정의 이야기는 폼페이우스와 카이사르, 안토니우스와 옥타비아누스의 무익한 경쟁과 유혈로 다 끝난 것은 아니었다. 로마의 지중해 지배는 이후 수세기 동안 지속되었으며, 이 제국은 바로 공화정의 업적에 뿌리를 박고 있었다. 공화정의 유산은 로마 제국이 붕괴된 이후에도 여전히 영향력을 발휘했다. 로마 공화정은 후세의 이상이며, 지금도 경고를 발하고 있다.

제 9 장

로마 공화정의
유산

　로마 공화정이 몰락한 지 약 2,000년이 흘렀으나, 그 유산은 여전히 남아 있다. 공화정의 잔해에서 등장한 로마 제정은 비록 황제의 전제정이 원로원의 집단적 지배를 대체하긴 했어도, 계속해서 공화정의 전통을 기반으로 유지되었다. 로마 제정이 기독교를 받아들이면서 로마에는 기독교라는 요소가 추가되었다. 고대 로마에 대한 존경심의 반대편에는 로마의 이교적 기원을 비난하는 견해가 등장해 균형을 이루었다. 모종의 긴장 관계는 히포의 아우구스티누스(Augustinus of Hippo)의 걸작 『신국론』에 분명히 드러나 있다. 이후 수세기 동안 로마 공화정의 영향력은 약화되었다. 그러나 르네상스 시대에 이르러 고전기의 문학과 예술이 크게 부흥했다. 마키아벨리의 정치철학으로부터 셰익스피어의 희곡들에 이르기까지, 로마 공화정 역사의 이상과 교훈, 영웅들과 악당들이 새로운 세계에 영감을 주기 위해 재탄생했다. 지나간 로마에 대한 이러한 재평가는 18세기의 격동 속에서 더욱 큰 의미를 지니게 되었다. 이 무렵 미국혁명과 프랑스혁명은 공화정 유토피아의 환상에서 영감을 얻었기 때문이다. 오늘날까지도 로마 공화정은 지적 토론에서 영화와 텔레비전 프로그램에 이르기까지 근대 서구 문화에 스며들어, 미처 알아채기도 전에 우리의 삶에 다양하게 영향을 끼치고 있다.

## 공화정에서 제정으로

19세에 나는 스스로의 책임으로, 나 자신의 비용을 들여 군대를 모집했다. 로마 공화정이 하나의 도당의 독재로 인해 억압받고 있을 때, 나는 군대와 함께 공화정의 자유를 지켜냈다.

'아우구스투스 업적록(Res Gestae)', 즉 아우구스투스 영묘에 새겨진 기념비문은 이같은 문장으로 시작된다. 이를 통해 공화정의 수호자로서 아우구스투스의 이미지는 영원히 역사에 남게 되었다. 아우구스투스는 전제 지배를 암시하는 어떠한 칭호도 거부했고, 좀더 전통적 호칭인 '프린켑스(princeps: 원로원에서 가장 먼저 발언할 권리를 가진 권위 있는 시민)'를 선호했다. 그러나 실제로 아우구스투스는 황제였고, 공화정의 지배 구조는 단지 명목상으로만 존재했다. 원로원은 더이상 권력을 갖지 못했고, 아우구스투스의 요청을 승인할 뿐이었다. 1년 임기의 행정관들은 민회에 의해 선출되지 않고, 프린켑스에 의해 지명되었다. 또한 군대는 국가를 대표하는 황제의 요구에 부응했다. 서기 14년 아우구스투스가 사망했을 무렵 황제의 지배권은 확고하게 자리잡았고, 공화정은 제정에 자리를 내주었다.

그러나 아우구스투스로 인한 이미지, 즉 이른바 원수정이라는 외양 자체가 로마에 대한 공화정의 지속적인 영향력을 입증한다. 그는 율리우스 카이사르의 운명에서 교훈을 얻었다. 카이사르는 대놓고 전제적인 지배를 함으로써 암살되기에 이르렀다. 아우구스투스는 존경심을 갖고 원로원을 대했고, 공화정에 입각한 사회 가치를 수호했으며, 도덕과 종교를 일으켜 세웠다. 그렇게 하여 한 세대에 걸친 내란으로 지쳐 있고 전통적인 방식으로 제시된 권력을 받아들일 준비가 되어 있는 대중을 회유했다. 아우구스투스의 계승자들도 유사한 양보를 할 수밖에 없었다. 서기 1세기에 노골적인 전제정치를 열망한 황제들, 즉 칼리굴라와 네로, 도미티아누스는 모두 살해되었다. 로마의 과거 공화정을 알지 못하는 프린켑스는 지배할 수 없었다.

일상의 생활 방식에서도 공화정에서 제정으로의 이행은 점진적이나마 의미 있는 변화를 초래했다. 기원전 1세기 초부터 서기 1세기 말까지 시간 여행을 한다면, 우리는 두 시점의 차이뿐 아니라 유사성 때문에 놀라게 될 것이다. 의복 스타일, 가옥 디자인, 그리고 계급과 성(性)의 차이는 거의 달라지지 않았다. 공화정기의 문학 작품은 계속 읽혔고, 예술은 제정기에 맞추어 응용되었다. 하지만 새로운 요소들도 있었다. 제정기에 극적으로 변한 것은 누가 로마인이라는 칭호를 얻을 자격이 있는가를 가르는 기준이었다. 공화정기에 로마 시민권은 동맹시 전쟁이 끝난 이후에야 비로소 이탈리아 반도의 여타 로마인들에게 부여되었고, 비(非)이탈리아인에게 허용된 경우는 예외적 특혜일 뿐이었다. 그러나 서기 1세기와 2세기에 로마 시민권은 전 지중해 세계로, 3세기에는 제국의 전체 주민에게 확산되었다. 이렇게 점점 더 로마화되는 세계에서, 공화정의 전통은 로마 본토 너머의 지역에서는 의미를 잃게 되었다. 갈리아와 스페인, 혹은 동부 그리스의 속주들에서 새로이 로마 시민이 된 사람들은 자신들을 격파한 로마 공화정 군대와 전쟁을 기념하고 싶어하지 않았다. 시간이 지나면서 공화정에 대한 지식은 점차 줄어들었다. 다만 귀족 가문의 사람들에게는 여전히 중요했다. 이들은 4세기에도 자신들이 위대한 공화정기 영웅들의 후손(허구적인 것일지라도)임을 주장하며 자부심을 품었다.

## 『신국론』

4세기경에는 기독교라는 새로운 요소가 로마 세계에 확고히 뿌리내렸다. 최초의 기독교 황제인 콘스탄티누스가 312년 개종한 이후, 기독교는 더욱 확대되어 제국의 지배 종교가 되었다. 기독교인들에게 로마 공화정의 역사는 매력이자 도전이었다. 많은 기독교인들, 특히 교육받은 엘리트 계층의 기독교인들은 로마의 유산에 자부심을 가졌다. 하지만 그들은 로마 전승에 따르면 로마에 지배권을 선사한, 이교의 신들에게 등을 돌렸다. 410년 고트 족이 로마를 약탈한 사건은 로마가 약 800년 만에 처음 겪은 재난으로, 종교적 긴장을 더욱 고조시켰다. 기독교인들이 전통적인 신들을 배격하자 신들의 분노가 로마를 덮친 걸까? 이러한 분위기 속에서 아우구스티누스(354~430)는 로마 공화정에 대한 초기 기독교 시대의 가장 영향력 있는 해석을 내놓았다. 이는 그의 필생의 역작인 『신국론』으로 구체화되어 있다.

로마 공화정의 역사에 대한 아우구스티누스의 시각은 리비우스나 키케로의 시각과는 매우 달랐다. 공화정의 흥기와 몰락이 로마인의 도덕성과 고대의 신들에게서 비롯됐다는 주장을 반박하면서, 그는 초기 로마인과 그들의 신들 모두를 비난했다. 로마인들이 섬긴 신들은 악덕으로 유명한데, 어떻게 추종자들이 미덕을 지킨다고 해서 상을 주겠는가? 유피테르는 계속해서 간통을 했고, 베누스 여신은 남편 불카누스를 내버려두고 마르스 신과 바람을 피웠다. 공화정 종교의 무수히 많은 신들은 웃음거리에 불과하다. 그들은 피로스와 한니발로 인한 재난으로부터 로마를 지키는 데 실패했다. 초기 로마는 미덕의 황금기라는 평판을 받을 자격이 없다. 로마 역사는 유혈로부터, 즉 로물루스가 레무스를 살해하고, 로마인이 사비니 여인들을 강탈한 데서 시작되었다. 루크레티아는 기독교 여성의 겸손한 정숙 때문이 아니라 자부심 때문에 자살했다. 로마인들은 신의를 선포해놓고 동맹국들을 파괴했다. 또 위엄과 영광에 집착하여, 후기 공화정을 내란으로 몰고 간 권력욕에 빠져버렸다. 이와 같이 아우구스티누스는 공화정의 전통적 가치를 제시하고 이를 통해 로마인의 주장을 반박했다. 로마인은 예수 그리스도의 도래와 더불어 진정한 미덕을 배웠다는 것이다.

그럼에도 불구하고 아우구스티누스는 로마 공화정의 특정한 탁월함을 인정했다. 이전 세대의 로마인들과 마찬가지로 로마 제국의 정복을 기독교 신의 섭리에 따른 사건으로 보았다. 왜 하느님(God)은 이교도 국가인 로마로 하여금 고대 세계를 지배하도록 허용했는가? 아우구스티누스가 보기에 하느님은 지배를 위임했다.

다른 모든 사람들을 제쳐놓고, 다음과 같은 사람들에게(위임했다). 즉 영광, 칭송 그리고 명예를 위해 나라에 봉사한 자들에게, 자기 자신의 안전보다는 나라의 안전 속에서 영광을 찾기를 기대한 자들에게, 그리고 칭송을 사랑한다는 한 가지 결점을 추구하며 돈에 대한 탐욕을 비롯한 많은 결점을 억누른 자들에게.

'영광'을 향한 로마인의 갈망 자체는 미덕이 아니다. 하지만 그들은 더 심각한 악덕들을 억제했고 하느님의 호의를 얻게 되었다. 공화정의 영웅들은 기독교인들이 배우고 능가해야 할 특성들을 지니고 있었다. 킨키나투스는 쟁기를 끌다가 독재관 직을 맡았으나, 임무를 마친 후 다시 소박한 삶으로 돌아갔다. 가이우스 파브리키우스(Gaius Fabricius)는 피로스 왕의 뇌물을 거절했다.

만일 우리가 하느님의 나라를 섬김에 있어 로마인들이 지상의 나라의 영광을 추구하며 자기 방식에 따라 일종의 모델로 제시한 장점들을 보여주지 못한다면 우리는 수치심으로 가책을 느껴야 할 것이다. 우리가 만약 이러한 미덕들을 보여준다 해도 자만심에 물들지 말아야 할 것이다.

로마인들은 자신들의 장점들에 대한 보상으로 지상의 나라에서 탁월한 위치를 차지했다. 그러나 하늘나라에서 기독교인들을 기다리고 있는 최고의 보상은 받지 못할 것이다. 로마 공화국은 세속의 나라들처럼 일시적인 것이다. 하지만 참된 신의 왕국은 영원하다.

성 아우구스티누스 이후 수세기 동안 공화정 역사에 대한 지식은 축소되었다. 제국의 동부에서 로마 제국은 비잔틴 제국으로 지속되었다. 비잔틴 제국의 저술가들은 자신들이 로마의 전통을 보존하고 있다고 주장하고, 로마의 과거에 지속적인 관심을 보여주었다. 그러나 서부 지역에서는 로마 제국의 몰락 이후 공화정의 영웅들과 역사의 이야기들이, 구약과 신약 성서의 이야기와 인물들로 대체되었다. 마찬가지로 성 아우구스티누스와 여러 교부들의 저술이 플라우투스, 카툴루스, 그리고 키케로의 자리를 대신했다. 오늘날 로마의 바티칸 도서관에는 본래 북부 이탈리아의 보비오(Bobbio) 수도원이 소장하고 있던 원본들이 보존되어 있다. 그 수도원에서 아마도 7세기 말에 익명의 수도사가, 무수히 많은 성 아우구스티누스의 『시편 주석Commentary on the Psalms』 중 하나의 판본을 지우고 그 위에 키케로의 『국가론』을 겹쳐 썼을 것이다. 이것은 오늘날 남아 있는 이 책의 유일한 복사본이다. 키케로의 위대한 정치 논문이 단편적으로만 남아 있고, 공화정기의 많은 저술들이 소실되었다는 사실 자체가 중세에 로마 공화정에 대한 기억이 거의 사라졌음을 보여주는 슬픈 증거이다.

## 마키아벨리와 셰익스피어

서방에서 14세기에 르네상스가 시작되자 로마 공화정과 고대 세계에 대한 관심이 살아나기 시작했다. 고전기 예술과 문학을 칭송하는 태도가 확고히 자리잡았던 피렌체 같은 도시들에는 로마의 성장이 특별히 관심거리였다. 페트라르카(Petrarca, 1304~74) 같은 이탈리아 학자는 흩어져 있는 로마 공화정의 유물을 모으기 시작했다. 로마 공화정의 이상은 새로운 사회적·정치적 모델에 적용될 수 있도록 적당하게 변형되었다. 르네상스가 유럽 전역으로 확산되면서, 고대 로마는 지극히 다양한 요구를 충족시키기 위해 여러 형태로 재해석되었다. 이러한 변형 과정의 다양성은 르네상스 시기의 극히 대조적인 두 사람의 작품에 드러나 있다. 피렌체 사람이었던 니콜로 마키아벨리의 정치철학과 영국인 윌리엄 셰익스피어의 희곡들이다.

마키아벨리(1469~1527)는 오늘날 대체로 '마키아벨리적'이라는 단어로 함축되는, 냉소적이고 교활한 권력 행사와 연관되어 있다. 그의 가장 유명한 저작 『군주론』은 지배자에게 어떻게 권력을 획득하고 유지하는가에 관해 충고하고 있다. 마키아벨리는 또 특히 자신의 출신지 피렌체와 관련하여 공화국 통치의 본질을 탐구한 주요 사상가이기도 했다. 공화국의 모델을 찾는 과정에서 그는 필연적으로 고대 로마를 탐구하게 되었다. 그의 『로마사 논고』(정확한 제목은 『리비우스의 처음 10권에 관한 논고』이다)의 시작 부분에서 그는 다음과 같이 선언한다.

로마 시가 처음에 어떻게 시작되었는지, 로마를 건국한 사람들은 누구였는지, 그리고 규정과 법률은 무엇이었는지에 대해 읽어본 사람이라면, 그곳에서 오랜 시간 동안 엄청난 탁월함이 유지되었다는 사실에 혹은 로마가 그토록 거대한 제국으로 성장했다는 사실에 그다지 놀라지 않을 것이다.

제목은 이렇지만, 이 저작은 단지 리비우스의 처음 10권에 해당하는 내용뿐만 아니라 공화정의 전 기간을 망라하고 있다. 그리고 공화정의 사례들을 통해 국가와 정치가가 어떻게 행동해야 하는가에 대한 현실적 지침을 제공한다. 이러한 사례들은 신분 투쟁, 귀족의 통치와 평민의 통치 사이의 긴장에서부터 한니발과 스키피오 아프리카누스의 경력에서 도출한 군사적 충고에 이르기까지 다양하다. 아우구스티누스의 종교적 관점을 통해서가 아니라 마키아벨리의 실용적 시각을 통해 고찰되었기에, 로마 공화정은 르네상스 시기 이탈리아의 복잡한 정치 지형 속에서 영감의 원천이 되어 새로이 중요성을 인정받게 되었다.

물론 마키아벨리는 로마를 공화정의 모델로 설정하는 시각에는 약점이 있음을 충분히 인식하고 있었다. 로마의 성공은 곧 붕괴의 원인을 제공했으며, 공화정의 사회, 정치 구조는 제국의 정복을 견디지 못했기 때문이다. 이에 대한 마키아벨리의 설명은 단순 명료하다.

우리가 로마사의 과정을 충분히 고찰해보면 우리는 공화정을 붕괴에 이르게 한 두 가지 원인을 발견하게 될 것이다. 하나는 토지법과 관련하여 발생한 분쟁이며, 다른 하나는 군 지휘권을 연장한 것이다.

이 두 가지 원인 때문에 공화정은 민중과 갈등을 빚었고 귀족과 그들의 군대에 대한 통제권을 상실했다. 마키아벨리는 황제들이 등장함으로써 로마가 자유를 상실한 것을 한탄하였으나 해결책을 제시하지는 못했다. 왜냐하면 그것이 바로 승자가 치러야 했던 대가였기 때문이다. 마키아벨리의 주장에 따르면, 공화국은 두 가지 중 하나, 즉 로마처럼 팽창을 지향할 것인가 아니면 고대 스파르타나 동시대의 베네치아처럼 자기 보전에 치중할 것인가를 선택해야 한다. 마키아벨리의 선택은 분명했다. 팽창을 거부하는 나라들은 아마도 좀더 오래 지속하거나, 로마 공화정을 괴롭혔던 투쟁을 피할 수도 있을 것이다. 하지만 이것은 영광에 이르는 길이 아니다. 모든 국가는 성장하거나 몰락한다. 그리고 불화와 야망이라는 도전을, '우리가 로마의 위대함에 도달하려 한다면 피할 수 없는 필요악으로 여기고' 받아들이는 편이 낫다.

엘리자베스 시대의 영국의 극장은 마키아벨리가 살았던 피렌체의 정치적 협의체와는 매우 다른 세계였다. 그러나 로마 공화정은 윌리엄 셰익스피어(1564~1616)에게도 매력적인 대상이었다. 그의 희곡들은 고대 로마에 활기를 불어넣는 점에서 오늘날의 어떤 대중매체 못지않게 효과적이었다. 로마에 대한 셰익스피어의 관심은 당대의 유행을 반영한다(그의 경쟁자였던 크리스토퍼 말로Christopher Marlowe의 초기작은 『카르타고의 여왕, 디도』로, 이는 베르길리우스의 작품 『아이네이스』에서 영감을 얻은 것이었다). 하지만 엘리자베스 시대의 고대 로마에 대한 시각을 가장 잘 보존하고 있는 것은 바로 셰익스피어의 작품들이다. 셰익스피어의 희곡들 중 3편이 공화정기의 사건들에 기반하고 있다. 『율리우스 카이사르』(1599), 『안토니우스와 클레오파트라』(1606), 그리고 『코리올라누스』(1608)이다. 이 세 작품 모두 1579년 토머스 노스 경(Sir Thomas North)이 영어로 번역한 플루타르코스의 『영웅전』에 상당히 의존하고 있다. 물론 플루타르코스가 셰익스피어의 유일한 자료는 아니었지만 말이다. 마찬가지로 『티투스 안드로니쿠스Titus Andronicus』(1592)와 『심벨린Cymbeline』(1610)도 로마사의 맥락에서 쓰였지만, 공화정이 몰락한 이후를 배경으로 한 작품이다. 한편 『실수 연발』(1594)은 그리스 시대의 소아시아가 배경이지만, 플라우투스의 로마 희곡을 바탕으로 하고 있다. 또한 셰익스피어는 로마 공화정을 탄생시킨 사건들을 『루크레티아의 능욕』(1593~94)이라는 서사적 시구로 묘사하기도 했다.

마키아벨리와는 달리 셰익스피어는 이상국가로서의 로마 공화정에는 그다지 관심이 없었다. 영국은 왕정이었고, 셰익스피어의 가장 훌륭한 역사극 중 많은 작품이 영국 왕의 이름을 제목으로 삼았다. 하지만 인민 대의제, 귀족의 특권, 그리고 독재 권력에 관한 동시대의 토론에서 공화정기 로마의 사회적·정치적 긴장은 상당한 영향을 미쳤다. 공화정기를 다른 셰익스피어의 희곡들에서 주제 선택은 극중 인물과 극적인 잠재력에 대한 시인의 날카로운 안목뿐 아니라, 이러한 정치 토론 또한 반영한다. 그는 로마가 여러 세기에 걸쳐 팽창하고 상대적으로 정치가 안정된 시기에는 관심을 보이지 않았다. 대신 공화정이 탄생하는 시기와 쇠퇴하고 몰락하는 시기에 집중했다.

먼저 셰익스피어의 『루크레티아의 능욕』은 그 능욕에 대해 브루투스가 복수를 맹세하고 오만왕 타르퀴니우스에게 반란을 일으키는 과정을 다룬 작품으로, 공화정의 기원을 시의 형식으로 탐구했다. 약 20년 후에 셰익스피어는 전설적 인물 코리올라누스(Gaius Marcius Coriolanus)를 다룸으로써 위와 유사한 주제로 돌아갔다. 코리올라누스는 정적들에 의해 로마에서 추방당하자, 복수하기 위해 로마의 적들과 동맹을 맺었다. 로마를 공격하려 했으나 어머니와 아내가 만류하며 호소하자 공격을 포기했고 이후 새로운 동맹자들로부터 배반자로 낙인찍혀 살해당했다. 셰익스피어는 코리올라누스의 무대를 로마의 신분 투쟁이 시작되는 시기로 설정했다. 거만한 귀족과 대중의 변덕스러운 여론에 관객들은 분명 공감했을 것이다. 셰익스피어의 작품에서 가난한 사람들은, 채무 노예라는 역사상의 문제 때문이 아니라 귀족들의 곡물 사재기 때문에 분노한다. 이는 이 작품이 쓰이기 직전에 발생했던 이른바 '미들랜드 반란(Midland Revolt)'에서 유혈 폭동에 이르게 되었던 불만의 원인이었다. 그 비극의 주인공은 서로 다른 파벌들과 자신의 자존심 사이에서 어쩌지 못하는 상황에 처한다. 그의 행동은 갈등 상황을 노출하지만, 주인공이 죽음으로써 갈등은 해소되지 않은 채 남겨진다.

근대의 관객들에게『코리올라누스』는 덜 알려진 작품들 중 하나이다. 그러나『율리우스 카이사르』와『안토니우스와 클레오파트라』는 상당히 유명하다. 이 두 희곡은 카이사르의 독재정으로부터 옥타비아누스(미래의 아우구스투스)의 승리까지의 기간을 다루고 있다. 여기서도 셰익스피어는 공화정의 몰락을 가져온 근본 원인들에 대해 지속적인 관심을 보여주지는 않는다. 하지만 카이사르의 살해라는 주제는 정치적 계승과 독재자 살해의 정당성이라는 한 쌍의 문제를 제기한다. 이는 튜더 왕조와 스튜어트 왕조 시대의 영국에서 커다란 논쟁의 주제가 되었던 것이다. 셰익스피어에게 이러한 문제들은 그가 창조한 주인공들의 인간성과 서로 얽혀 있다. 등장인물들의 복합적 동기는 그것이 보편성을 띠는 한, 특별히 로마적인 것도 엘리자베스 시대적인 것도 아니다. 그의 탁월성은 카이사르의 장례식에서 안토니우스가 한 저 유명한 연설의 앞 대목에 함축되어 있다.

　　친구들이여, 로마인들이여, 동포들이여, 나의 말에 귀를 기울여주시오.

　　나는 카이사르를 칭송하려고 온 것이 아니라 묻으려고 왔소.

　　인간이 저지른 악행은 그가 죽은 후에도 살아남지요.

　　선행은 종종 그의 유골과 함께 묻힌다오.

　　그러므로 카이사르를 그대로 놔두시오. 고상한 브루투스는

　　당신들에게 카이사르가 야심이 있다고 말했소.

　　만일 그랬다면, 그것은 슬퍼할 만한 단점이지요.

　　그리고 카이사르는 철저히 그에 응답하였소.

　　여기, 브루투스와 나머지 사람들의 허락을 받아—

　　왜냐하면 브루투스는 고결한 사람이고,

　　그들 모두 고결한 사람들이므로—

　　나는 카이사르의 장례식에 연설을 하러 왔소.

　　그는 나의 친구였소. 나에게 충실하고 공정했지요.

　　그러나 브루투스는 그가 야심이 있다고 말하고 있소.

　　그리고 브루투스는 고결한 사람이지요.

　　(『율리우스 카이사르』 3막 2장)


　　이 작품이 카이사르라는 인물에게 좀더 호의적인지 아니면 브루투스라는 인물에게 더 호의적인지를 두고 관객의 의견이 일치하지 않는다면, 이는 셰익스피어의 재능을 찬사하는 사

12. 셰익스피어의 작품 『율리우스 카이사르』를 개작한 1953년 영화에서 마르쿠스 안토니우스 역을 맡은 말론 브란도.

례일 것이다. 카이사르의 야망은 지극히 로마적인 특성을 보여준다. 마찬가지로 브루투스가 명예나 '위엄'에 사로잡혀 있는 것도 로마적이다. 이 특성들은 또한 보편성을 띤다. 그리고 안토니우스가 친구에게 충실한 것도, 난자당한 카이사르의 시체를 보고 군중이 경악하는 것도 마찬가지이다. 브루투스는 고결한 인물로서, 죽을 때 '모든 이들 중 가장 고상한 로마인'으로 칭송되었다. 하지만 그는 명예심 때문에 자신을 아들처럼 여겼던 이를 살해했다. 셰익스피어의 작품에 그려진 브루투스는 플루타르코스의 저작에 묘사된 브루투스보다 훨씬 더 모호하고 인간적인 모습이다. 동일한 이야기를 『안토니우스와 클레오파트라』에 나오는 주인공들에게도 적용할 수 있다. 비록 화려함을 사랑하는 정열적인 이 커플도, 계산이 치밀한 옥타비아누스도 브루투스처럼 매력적이거나 비극적이지는 않지만 말이다. 낭만이 없는 순수주의자라면 셰익스피어가 역사적 정확성을 결여하고 있다고 비난할 수 있겠지만, 그는 자신이 다루는 고대 로마인들을 누구도 필적할 수 없는 방식으로 생생하게 되살렸다. 바로 여기에 로마 시대를 배경으로 한 셰익스피어의 희곡들이 지속적으로 인기를 끄는 비결이 숨어 있다.

## 공화국과 혁명

로마 공화정의 기억을 되살리는 데 르네상스가 끼친 영향은 막대했다. 이러한 사실은 혁명의 시대인 18세기와 19세기라는 극적인 시기에 어느 때보다 뚜렷이 확인된다. 로마의 과거에 대한 지식이 부활함으로써, 유럽과 신세계에 확산되고 있던 절대왕조에 대한 적개심이 더욱 불타올랐다. 로마 공화정은 왕이 없는 통치를 위한 이상을 제시했다. 즉 주권자인 민중과 그들이 선출한 행정관들 아래서 법의 지배를 통해 자유가 보장되는 국가였다(그들은 그렇게 믿었다). 토머스 홉스(Thomas Hobbes)는 『리바이어던』(1651)에서 영국의 내란이 키케로와 '왕정을 미워하도록 배운 로마인들의 견해'와 관련이 있다고 지적한 바 있다. 18세기에 로마의 모델에 근거한 공화국의 이상은 미합중국과 프랑스에서 힘을 얻었다. 그러나 두 나라의 운명은 완전히 대조적이었다.

21세기에 워싱턴을 방문하는 여행자라면 로마 공화정이 미합중국 건국의 아버지들에게 얼마나 큰 영향을 끼쳤는가를 확인할 수 있을 것이다. 1791년 연방의 새로운 수도가 건설되었을 때, 도시의 상징이 되는 장소들은 로마를 기념하여 이름이 바뀌었다. 구즈 천(Goose Creek)은 타이버 천(Tiber Creek)이 되었으며, 젠킨스 언덕(Jenkins Hill)은 카피톨 언덕(Capitol Hill)이 되었다. 합중국 의회의 소집 장소는 카피톨이 되었는데, 이는 로마의 유피테르 신전을 연상시켰다. 그러한 명칭들은 미합중국 헌법을 기초할 때 벌어진 논쟁에 참여했던 모든 사람들에게 친숙한 것들이었다. 많은 이들이 로마 공화정기의 이름들, 즉 브루투스, 카토, 그리고 킨키나투스 등의 필명으로 자기 주장을 담은 글을 출판했다. 미국 헌법 초안을 작성하는 데 주요한 역할을 했던 두 사람, 즉 제임스 메디슨과 알렉산더 해밀턴의 『페더럴리스트 페이퍼』(1787~88)는 푸블리우스(Publius)라는 필명으로 쓰였는데, 이는 공화정을 창건한 초기의 브루투스와 함께 행동했던 푸블리우스 발레리우스 푸블리콜라(Publius Valerius Publicola)를 연상시킨다.

이러한 은유적 표현에는 단지 수사적 장식 이상의 의미가 있다. 처음으로 미합중국의 기초를 세운 사람들에게 로마 공화정은 지침을 얻을 수 있는 실제 모델로 여겨졌다. 그러한 사람들 중의 한 명이 존 애덤스였는데, 그는 1787년 자신의 위대한 논고인 『미합중국 헌법에 대한 옹호』를 출판했다. 조지 워싱턴에 이어 미합중국의 제2대 대통령(1797~1801)이 된 애덤스는 로마를 역사적 원형으로 하는, 균형 갖춘 정체를 강력히 신봉했다. 애덤스가 좋아한 정치가는 키케로였으며, 그는 자기 논고의 서문에서 키케로의 공화정부에 대한 견해를 강하게 지지했다.

세계사의 어느 시대도 하나의 인격 속에 정치가이자 철학자로서 그보다 더 위대한 자질을 갖춘 인물을 배출하지 못했기 때문에, 그의 권위는 엄청난 무게를 갖는다. 권력의 세 가지 요소를 지지하는 그의 결연한 주장은 변할 수 없는 근거 위에 서 있다. 법은 정의를 구현하고, 측정하고, 또 보호할 수 있는 유일한 수단이다. 시간이 흘러도, 법은 다른 정치체제 속에서는 확실하게 보호될 수 없다. 공화정이라는 이름 자체가 다음과 같은 것을 의미한다. 즉 인민의 재산이 입법을 통해 주장되고, 정의가 지배하도록 결정을 내리는 것이다.

키케로의 공화국에서 정부의 세 가지 구성 요소는 행정관, 원로원, 그리고 민회이다. 애덤스의 정체에서 세 가지는 대통령(집정관의 행정권을 보유하는), 상원(조약을 비준하고 다른 두 요소를 견제하는 역할을 하는), 그리고 하원(법률을 승인하고 전쟁을 선포하는)이다. 마키아벨리처럼, 애덤스와 동시대인들은 로마 공화정이 궁극적으로 실패했다는 사실을 알고 있었다. 그들의 해결책은 두 가지였다. 현실성 때문에, 그리고 민주정이 단순히 다수를 동원해 폭압을 행할 가능성을 방지하기 위해, 선거로 선출된 하원이 민회를 대체했다. 그러므로 일반 대중 집단은 정부에서 아무런 역할도 할 수 없게 되었다. 이는 원로원 의원이자 엘리트주의자인 키케로라면 진심으로 찬성했을 조처였다. 둘째로 이 또한 키케로의 이상과 일치하는데, 체제의 견제와 균형을 강화하는 것이다. 만일 로마 공화정 말기에 그랬던 것처럼 하나의 요소나 한 개인이 과도한 권력을 획득한다면, 다른 두 요소가 연합하여 이를 견제하는 것이다. 새로운 미합중국은 이와 같이 과거로부터 교훈을 얻었다. 그리고 로마가 한때는 누렸으나 나중에 잃어버린 정치적 안정을 획득했다.

프랑스에서 공화주의는 결코 미국에서와 같은 일관성과 안정성을 획득하지 못했다. 그럼에도 불구하고 동일한 고전기의 모델에서 많은 영향을 받았다. 1789년의 혁명이 발발하기 전 여러 해 동안, 프랑스에서는 로마 공화정에 대해 지대한 관심이 나타났다. 몽테스키외 남작의 『법의 정신』이 1748년 출간되어 미국 건국의 아버지들에게 강한 영향을 미쳤다. 특히 입법, 행정, 사법의 삼권분립 주장이 그러했다. 그러나 몽테스키외가 로마 역사에서 얻은 교훈은 그것과는 매우 달랐다. 몽테스키외에 따르면, "왕을 추방한 이후, 로마의 정부는 당연히 민주정이어야 했다". 하지만 그런 일은 일어나지 않았다. 원로원 귀족은 계속 권위를 유지했고, 로마 제국이 팽창해나가자 개개인의 부와 야망은 독재정치로 귀결되었다. 몽테스키외는 결론 맺기를, "공화국은 단지 소규모 영토만을 갖는 편이 자연스럽다. 그러지 않으면 오래 존속할 수 없다". 로마와 같은 대규모 공화정은 불가피하게 부패할 것이며, 전제정치에 빠질 수밖에 없다. 즉 몽테스키외가 모든 공화정부가 의거해야 할 원리로 규정한, 덕에 대한 사랑을 포기하게 되는 것이다.

로마 공화정에 대한 몽테스키외의 견해는 다른 사람의 저작에서 더욱 정교하게 다듬어졌다. 무엇보다 프랑스혁명의 이상을 고취시킨 작품으로, 장-자크 루소의 『사회계약론』(1762)이 그것이다. 이상국가를 탐구하던 루소는 "지상에서 가장 자유롭고, 가장 강력한 민족이 어떻게 그들의 최고 권력을 행사했는지"를 이해하기 위해 로마를 탐구했다. 법의 지배를 통해 확보된 자유를 강조한 점에서, 루소의 견해는 동시대 미국인들의 논의와 대단히 유사했다. 그러나 루소는 인민주권에 훨씬 더 높은 가치를 두었고, 몽테스키외가 예언한 전제정치로 퇴행하는 사태를 피하기 위해 공공 도덕을 유지할 필요성을 강조했다. 그러므로 『사회계약론』에서 추구한 루소의 주요 목표는 유덕한 삶을 살도록 시민들을 고무하는 것이었다. 그가 보기에 유덕한 삶은 공화정부의 유지에 반드시 필요한 것이었다. 이러한 맥락에서 루소는 로마 공화정을 그의 시대가 본받아야 할 하나의 상징으로 여겼다. 루소의 견해에 따르면, 공화국하에서 인민은 주권자일 뿐 아니라, 행정관이고 재판관이기도 하다. 원로원은 단지 정부의 움직임을 조절하고 집중시키는 하위 기구에 불과하다. 그리고 집정관들은 비록 그들이 귀족이고 최고 행정관이고 전시에 절대권을 가진 장군들이지만, 로마 시내에서는 인민의 의장들에 불과하다.

이러한 인민주권은 로마의 도덕성에 의해 유지되었다. 루소가 보기에 로마인들의 가장 주요한 특징은 덕이었다. 이는 유대인의 특징이 종교이고, 카르타고인의 특징이 상업인 것과 마찬가지였다. 로마 공화정이 무정부 상태와 전제정치로 빠져들었음에도 불구하고, 로마 인민에 대한 루소의 찬미는 줄어들지 않았다. 그에게 로마의 인민은 '끊임없이 행정관을 선출하고, 법률을 통과시키고, 사건을 판결하고, 공적이고 사적인 업무를 처리해온' 사람들이었다. 루소는 공화국의 몰락에 대한 책임이 내란을 일으킨 '귀족 계층의 악폐'에 있다고 확신했다.

로마의 정치에 대한 루소의 해석도 로마의 덕에 대한 찬미도 역사적으로 진지하게 평가할 경우 비평을 면치 못할 것이다. 하지만 그가 끼친 영향은 지대했다. 고대 로마에 대한 루소의 견해에 프랑스 청중들은 강한 매력을 느꼈으며, 이는 존 애덤스가 미국 건국의 아버지들에 끼친 영향에 못지않았다.

사실상 루소와 애덤스는 로마를 대조적으로 해석함으로써, 서로 다른 길을 걸어갈 미국 공화주의와 프랑스 공화주의의 미래를 보여주었다. 애덤스가 키케로식의 견제와 균형의 형태를 취했던 것에 반해, 프랑스의 혁명가들은 루소를 따라 인민주권과 공공 도덕을 옹호했다. '덕의 공화국'을 만들려는 노력은 로베스피에르의 공포정치에서 절정에 이르렀다. 거의 10년 사이에 프랑스는 500년에 걸친 로마의 역사를 재연했다. 왕정이 전복되고 공화국이 들어섰으나, 다시 와해되어 무정부 상태와 전제정치로 귀결되었다. 그럼에도 불구하고 로마의 매력은 여전히 지속되었다. 나폴레옹이 프랑스의 제1통령(First Consul)으로서 권력을 잡은 바로 그해에, 자크-루이 다비드의 〈사비니 여인들의 중재〉(1799)가 완성되었고 이 작품은 로마를 영원히 기념하고 있다.

　로마의 제정기, 기독교 교부들의 시대, 르네상스, 그리고 혁명의 시기에 이르기까지 각 시대는 변화하는 세계의 요구에 맞추어 로마 공화정에 대한 기억을 재해석했다. 이것은 오늘날까지 계속 진행되고 있다. 19세기에 로마 공화정의 팽창에 대한 지배적 해석은 '방어적 제국주의' 개념에 집중되었다. 로마의 지속적인 전쟁은 침략이나 탐욕 때문이 아니라, 로마와 자신의 동맹국들을 보호하기 위해서였다는 것이다. 그러한 해석은 리비우스의 저작과 다른 사료들에 의해 지지받고

13. 자크 루이 다비드, 〈사비니 여인들의 중재〉, 1799년.

있다. 그러나 '방어적 제국주의'는 또한 동시대 유럽의 제국주의 세력을 정당화했다. 그들은 자신들이 해외 제국을 건설하는 과정을 이와 비슷한 맥락에서 바라보았다. 이런 제국들이 붕괴한 이후, 20세기 중반부터는 로마의 호전성과 로마를 팽창으로 몰고 간 요소들이 점차 강조되었다. 최근에 이르러 연구자들은 정치와 전쟁이라는 전통적 영역 외에 공화정기의 생활상에 더욱 관심을 보이고 있다. 21세기 연구자들은 로마인의 가족적 유대, 성(性)의 역할, 그리고 사회적·종교적 가치 등에 새로이 관심을 기울이고 있다.

로마 공화정은 지속적으로 서구 문화에 스며들었다. 그중 일부는 너무나 깊이 뿌리박혀 있어서 쉽게 무시되곤 한다. 로마 제정기에 이르러 유럽의 여러 지역으로 확산된 로마의 도로와 도시들의 네트워크가 처음 형성된 시기는 공화정기였다. 로망스 언어들의 기초로서 라틴어가 확산된 시기 또한 마찬가지였다. 공화정 시기의 용어들과 개념들은 오늘날의 정치 토론에서 두드러지게 나타나고 있으며, 공화정의 문학과 이미지는 오늘날의 작가들과 예술가들에게 영감을 불어넣고 있다. 공화정 역사 속의 극적인 장면들, 예컨대 갈리아인의 로마 약탈, 알프스 산맥을 넘는 한니발, 루비콘 강가의 카이사르, 그리고 3월 15일(카이사르가 암살된 날) 등은 계속 우리의 상상력을 자극하고 있다.

14. HBO/BBC 시리즈물 〈로마〉에서 율리우스 카이사르 역을 맡은 시아란 힌즈
(Ciarán Hinds).

　로마 공화정에서 영감을 얻으려 하는 경우, 사람들이 이를 통해 어떠한 교훈을 얻으려 하는가를 보면 시대의 성격이 드러난다. 2,000년 전의 과거를 다시 돌아볼 때, 오늘날 또다시 대중의 눈길을 사로잡는 것은 공화정 몰락의 시기이다. 로마가 팽창하며 승승장구하던 시기에 대해서는 영화와 텔레비전에서 거의 다루지 않는다. 제작자나 관객 모두 공화정의 폭력적이고 비극적인 최후를 선호한다. 커크 더글러스의 고전적인 영화 〈스파르타쿠스〉(1960)에서 BBC의 시리즈물 〈로마〉(2005)에 이르기까지, 로마의 과거를 되살리려는 사람들이 매력을 느끼는 시기가 공화정 최후의 날들임은 분명하다. 아마도 점점 더 빠르게 변화하는 세계 속에서, 우리는 로마 공화정의 실패와 제정으로의 체제 변화에서 교훈을 찾고 있는지도 모른다.

# 연표

## 기원전

| | |
|---|---|
| 1220년경 | 트로이 전쟁이 일어나다. |
| 1000년경 | 로마 포룸에 화장한 분묘가 나타나다. |
| 800년경 | 카르타고가 건국되다. |
| 753년 | 로마가 건국(전설상의 연대)되다. |
| 750년경 | 팔라티누스 언덕에 철기시대 오두막들이 나타나다. |
| 753~510년 | 로마의 일곱 왕들의 시대가 펼쳐지다. |

　　　　　로물루스

　　　　　누마 폼필리우스

　　　　　툴루스 호스틸리우스

　　　　　안쿠스 마르키우스

　　　　　루키우스 타르퀴니우스 프리스쿠스

　　　　　세르비우스 툴리우스

　　　　　루키우스 타르퀴니우스 수페르부스

| | |
|---|---|
| 510~509년 | 루크레티아의 능욕 사건이 일어나다. |
| | 마지막 왕 루키우스 타르퀴니우스 수페르부스가 추방되다. |
| | 공화정이 창건되다. |
| 499/496년 | 로마가 레길루스 호수에서 라틴인들을 격파하다. |

| | |
|---|---|
| 494년 | 제1차 평민의 철수가 일어나다. |
| 450년경 | 12표법이 제정되다. |
| 390/387년 | 갈리아인이 로마를 약탈하다. |
| 280~275년 | 피로스 전쟁이 일어나다. |
| 264~241년 | 제1차 포에니 전쟁이 일어나다. |
| 241년 | 시칠리아가 로마 최초의 속주가 되다. |
| 237년 | 로마가 사르디니아를 점령하다. |
| 218~202년 | 제2차 포에니 전쟁(일명 한니발 전쟁)이 일어나다. |
| 211년 | 시라쿠사가 약탈당하다. |
| 200~196년 | 제2차 마케도니아 전쟁이 벌어지다. '그리스의 자유'가 선포되다. |
| 191~188년 | 시리아의 안티오코스 3세(대왕)와의 전쟁이 벌어지다. |
| 186년 | 바쿠스 제전이 탄압당하다. |
| 184년 | 마르쿠스 포르키우스 카토(대카토)가 감찰관 직을 맡다. |
| 172~168년 | 제3차 마케도니아 전쟁이 일어나다. |
| 149~146년 | 제4차 마케도니아 전쟁이 일어나다. |
| 149~148년 | 안드리스코스가 반란을 일으키다. 마케도니아가 속주가 되다. |
| 146년 | 코린토스와 카르타고가 약탈당하다. 아프리카가 속주가 되다. |
| 133~121년 | 티베리우스 그라쿠스, 가이우스 그라쿠스 |
| 113~101년 | 게르만 족인 킴브리인과 테우토네스인의 전쟁이 일 |

어나다.

| | |
|---|---|
| 112~105년 | 유구르타 전쟁이 일어나다. |
| 104~100년 | 마리우스가 집정관 직(5년 연속)에 취임하다. |
| | 마리우스가 개혁을 실시하다. |
| 91~89년 | 동맹시 전쟁이 벌어지다. |
| 88년 | 술라가 로마로 진격하다. |
| 82~79년 | 술라가 독재관을 맡다. |
| 73~71년 | 스파르타쿠스의 반란이 일어나다. |
| 70년 | 그나이우스 폼페이우스 마그누스와 마르쿠스 리키니우스 크라수스가 집정관 직에 취임하다. |
| | 마르쿠스 툴리우스 키케로가 가이우스 베레스를 탄핵하다. |
| 67년 | 폼페이우스가 해적을 소탕하다. |
| 66~63년 | 폼페이우스가 동방을 재조직하다. |
| 60년 | 제1차 삼두정치(폼페이우스, 크라수스, 카이사르)가 성립되다. |
| 59년 | 카이사르가 집정관 직을 맡다. |
| | 폼페이우스와 율리아가 결혼하다. |
| 58~49년 | 카이사르의 갈리아 원정이 단행되다. |
| 54년 | 율리아가 죽다. |
| 53년 | 크라수스가 파르티아인에게 패배하고 살해되다(카라이 전투). |

| | |
|---|---|
| 51년 | 키케로가 『국가론』을 완성하다. |
| 49~45년 | 내란이 일어나다. |
| 44년 | 3월 15일에 카이사르가 죽다. |
| | 가이우스 옥타비우스가 가이우스 율리우스 카이사르 옥타비아누스라는 이름으로 양자가 되다. |
| 43년 | 제2차 삼두정치(안토니우스, 레피두스, 옥타비아누스)가 성립되다. |
| | 키케로가 죽다. |
| 42년 | 필리피 전투가 벌어지다. |
| | 브루투스가 자살하다. |
| 31년 | 악티움 전투, 옥타비아누스가 안토니우스와 클레오파트라를 패배시키다. |
| 27년 | 옥타비아누스가 '아우구스투스'라는 칭호를 받다. |

# 참고문헌

## 1차 사료

### 리비우스(기원전 59년~서기 17년)

로마 최초의 황제 아우구스투스 시대의 인물로, 『로마사』를 저술했다. 142권으로 이루어진 이 저작은 오늘날 일부만 남아 있다. 남아 있는 부분은 1~10권(로마의 전설적인 과거로부터 공화정 초기까지)과 21~45권(제2차 포에니 전쟁과 기원전 167년까지의 로마의 팽창)이다. 서문에서 리비우스는 '세계에서 가장 위대한 민족의 이야기를 기록하는' 것에 대한 자부심을 드러낸다. 그는 로마의 성장을 초기 로마인의 도덕성과 신앙(pietas)의 결과라고 보았고, 도덕적 타락을 개탄했다. 그는 도덕적 타락이 로마를 붕괴로 이끌고, '우리의 악덕을 견딜 수도 없고 치유할 대책을 직시할 수도 없는 우리 시대의 암울한 시작'을 초래했다고 보았다. 리비우스 연구의 입문서로는 P. G. Walsh, *Livy: His Historical Aims and Methods*, 2nd edn.(Bristol. 1989)와 J. D. Chaplin and C. S. Kraus, *Livy*(Oxford. 2009)가 있다. 리비우스의 동시대인으로 그와 유사한 견해를 갖고 있던, 서사시 『아이네이스』의 작가 베르길리우스(기원전 70~19)에 대해서는 P. Hardie, *Virgil's Aeneid: Cosmos and Imperium*(Oxford. 1986) 참조.

### 메갈로폴리스의 폴리비우스(기원전 200년경~118년경)

폴리비우스는 기원전 167년 로마에 잡혀온 그리스인 인질들 중 한 사람으로, 로마에서 『역사』를 저술했다. 그는 이 책을 통해 로마 세력의 극적인 성장을 설명하고, 동포 그리스인들에게 로마의 분노를 일으키는 일을 피하라고 경고하려 했다. 폴리비우스의 작품 중 기원전 264~146년의 역사를 다룬 상당량의 단편이 오늘날까지 남아 있다. 비판적 기술이나 사건들에 대한 접근에서 폴리비우스의 저작을 사료로 하여 쓰인 리비우스의 저작보다 우월했다. 그에 대한 연구서로는 F. W. Walbank, *Polybius*(Berkeley, 1972) 참조.

### 플루타르코스(서기 46년경~120년)

제정기의 전기 작가로, 『영웅전』을 저술했다. 『영웅전』은 고대 그리스와 로마의 지도적 인물들을 서로 비교하여 서술한 것이다. 몇몇 로마인, 특히 스키피오 아프리카누스의 전기는 소실되었지만, 코리올라누스(셰익스피어 작품의 주제가 되었다), '지연시키는 자' 파비우스 막시무스, 대카토, 그라쿠스 형제, 그리고 기원전 1세기의 군사 지도자들의 전기는 남아 있다. 플루타르코스는 역사가라기보다 전기 작가였기에 세부적 사실보다는 각 인물의 도덕성에 더 집중했다. 그러나 그의 『영웅전』은 특히 역사적 서술이 부족한 시대에 관해서는 매우 귀중한 자료이다. 플루타르코스에 관해서는 C. P. Jones, *Plutarch and Rome*(Oxford, 1971)과 T. Duff, *Plutarch's Lives: Exploring Virtue and Vice*(Oxford, 1999) 참조.

**키케로(기원전 106년~43년)와 카이사르(기원전 100년~44년)**

이 두 사람은 아래의 주제별 참고도서에서도 다루어지고 있다. 키케로의 수많은 서술 중 근대 역사가들에게 가장 귀중한 사료는 그의 서한들인데, 이에 관해서는 G. O. Hutchinson, *Cicero's Correspondence: A Literary Study*(Oxford, 1998) 참조. 카이사르의 작품들, 특히 그의 『갈리아 전기』에 관해서는 K. Welch and A. Powell(eds.), *Julius Caesar as Artful Reporter: The War Commentaries as Political Instruments*(London, 1998) 참조.

이들 1차 사료의 영어 번역서로는 Penguin Classics series와 Loeb Classical Library가 있다. 온라인에서도 상당수가 영어로 번역되어 있다. 특히 Lacus Curtius: A Gateway to Ancient Rome(http://penelope.uchicago.edu/Thayer/E/Roman/home.html)과 Perseus Digital Library(www.perseus.tufts.edu) 참조.


## 주제별 참고도서

**개설서**

로마 공화정에 관한 참고서적은 대단히 많다. 로마사의 다양한 분야에 관한 연구 논문을 모은 책으로는 H. I. Flower(ed.), *The Cambridge Companion to the Roman Republic*(Cambridge, 2004)과 N. Rosenstein and R. Morstein-Marx(eds.), *A Companion to the Roman Republic*(Oxford, 2006) 참조. 공화정에 관한 다소 오래된 개설서로는

M. Crawford, *The Roman Republic*, 2nd edn. (London, 1992)과 M. Grant, *The World of Rome*(London, 1960), 최근 저작으로는 C. Kelly, *The Roman Empire: A Very Short Introduction*(Oxford, 2006) 참조.

### 제1장 안개에 싸인 과거

논쟁이 활발히 이루어지고 있는 초기 로마사에 관해서는 T. J. Cornell, *The Beginnings of Rome: Italy and Rome from Bronze Age to the Punic Wars(c. 1000-264 BC)*(London, 1995)와 G. Forsythe, *A Critical History of Early Rome: From Prehistory to the First Punic War* (Berkeley, 2005) 참조. 로마의 전설적인 과거에 관해서는 M. Fox, *Roman Historical Myths: The Regal Period in Augustan Literature* (Oxford, 1996) 참조. 로마의 에트루리아적 배경에 관해서는 G. Barker and T. Rasmussen, *The Etruscans*(Oxford, 1998) 참조.

### 제2장 공화정이 형태를 갖추다

로마의 초기 팽창에 관해서는 위의 1장에서 소개된 Cornell과 Forsythe의 저서들 외에 J.-M. David, *The Roman Conquest of Italy*(Oxford, 1996) 참조. 공화정기의 정치 구조에 관해서는 A. W. Lintott, *The Constitution of the Roman Republic*(Oxford, 1999) 참조. 신분 투쟁에 관해서는 R. E. Mitchell, *Patricians and Plebeians: The Origin of the Roman State*(Ithaca, 1990)와 K. A. Raafraub(ed.), *Social Struggles in Archaic Rome: New Perspectives on the Conflict of the*

*Orders*, revised edn.(Oxford, 2005) 참조.


### 제3장 남성, 여성, 그리고 신들

로마 귀족들이 '위엄(dignitas)'과 '영광(gloria)'에 대한 요구 때문에 받았던 압박감을 다룬 연구서로는 W. V. Harris, *War and Imperialism in Republican Rome 327-70 BC*(Oxford, 1979)가 있다. 이외에도 H. I. Flower, *Ancestor Masks and Aristocratic Power in Roman Culture*(Oxford, 1996)와 M. Beard, *The Roman Triumph* (Cambridge, Mass., 2007) 참조. 엘리트층 이하의 로마 사회에 관한 연구서로는 J. P. Toner, *Popular Culture in Ancient Rome*(Cambridge, 2009)과 R. C. Knapp, *Invisible Romans: Prostitutes, Outlaws, Slaves, Gladiators, Ordinary Men and Women...the Romans that History Forgot*(London, 2011) 참조. 로마에서 매우 중요한 제도였던 노예제에 관한 상세한 연구로는 K. R. Bradley, *Slavery and Society at Rome*(Cambridge, 1994)과 S. R. Joshel, *Slavery in the Roman World*(Cambridge, 2010) 참조.

로마의 가정생활에 관해서는 K. R. Bradley, *Discovering the Roman Family: Studies in Roman Social History*(New York and Oxford, 1991)와 B. Rawson(ed.), *Marriage, Divorce, and Children in Ancient Rome*(Canberra and Oxford, 1991) 참조. 로마 여성의 정치적·종교적 지위에 관해서는 R. A. Bauman, *Women and Politics in Ancient Rome*(London, 1992)과 A. Staples, *From Good Goddess to Vestal Virgins: Sex and Category in Roman Religion* (London, 1998) 참조.

로마의 한 유명한 기혼여성에 관한 생생한 연구로는 S. Dixon, *Cornelia: Mother of the Gracchi*(London, 2007) 참조.

로마의 다양한 종교 세계에 관한 입문서로는 J. Scheid, *An Introduction to Roman Religion*(Edinburgh, 2003) 참조. 좀더 심도 있는 연구서로는 J. Rüpke(ed.), *A Companion to Roman Religion*(Oxford, 2007)과 M. Beard, J. North, and S. R. F. Price, *Religions of Rome*, 2 vols.(Cambridge, 1998) 참조.

### 제4장 카르타고를 파괴해야 한다

로마 공화정의 최대 적이었던 카르타고에 관한 입문서로는 R. Miles, *Carthage Must Be Destroyed: The Rise and Fall of an Ancient Civilization*(London, 2010)과 S. Lancel, *Carthage: A History*(Oxford, 1995) 참조. 포에니 전쟁에 관해서는 A. Goldsworthy, *The Fall of Carthage: The Punic Wars 265-146 BC*(London, 2003) 참조. 한니발의 가장 유명한 승리를 다루고 있는 연구서로는 G. Daly, *Cannae: The Experience of Battle in the Second Punic War*(London, 2002) 참조.

### 제5장 지중해의 여왕

로마와 그리스 동방의 조우를 상세히 다루는 연구서로는 E. S. Gruen, *The Hellenistic World and the Coming of Rome*, 2 vols.(Berkeley, 1984) 참조. 또한 A. N. Sherwin-White, *Roman Foreign Policy in the East, 168 BC to 1 AD*(London, 1984) 참조. 이것들과 다소 다른 시각

에서 이 문제를 다룬 연구서로는 S. E. Alcock, *Graecia Capta: The Landscapes of Roman Greece*(Cambridge, 1993) 참조. 로마의 친그리스주의를 비판했던 위대한 비평가의 생애를 다룬 연구서로는 A. E. Astin, *Cato the Censor*(Oxford, 1978) 참조. 로마와 그리스의 관계에 관한 문서 증거들은 R. K. Sherk(ed.), *Rome and the Greek East to the Death of Augustus*(Cambridge, 1984) 참조.

### 제6장 **제국의 비용**

기원전 2세기의 사회적·경제적 위기에 관해서는 N. Rosenstein, *Rome at War: Farms, Families, and Death in the Middle Republic*(Chapel Hill, 2004) 참조. 그라쿠스 형제에 관한 훌륭한 입문서로는 D. Stockton, *The Gracchi* (Oxford, 1979) 참조. 마리우스와 술라에 관해서는 R. J. Evans, *Gaius Marius: A Political Biography* (Pretoria, 1994)와 A. Keaveney, *Sulla: The Last Republican*, 2nd edn.(London, 2005) 참조. 공화정이 붕괴되는 데 결정적 역할을 했던 군사적 발전에 관해서는 L. De Blois, *The Roman Army and Politics in the First Century BC*(Amsterdam, 1987)와 A. Keaveney, *The Army in the Roman Revolution* (London, 2007) 참조.

### 제7장 **언어와 이미지**

로마 문학에 대한 개관을 위해서는 S. J. Harrison(ed.), *The Blackwell Companion to Latin Literature*(Oxford, 2005) 참조. 초기

희극 작품들에 관해서는 D. Konstan, *Roman Comedy*(Ithaca, 1983) 와 T. J. Moore, *Plautus and His Audience*(Austin, 2000) 참조. 기원 전 1세기 로마 문학에 관해서는 T. P. Wiseman, *Catullus and His World*(Cambridge, 1985) 참조. 키케로의 생애와 저작에 관한 입문서 로는 E. Rawson, *Cicero: A Portrait*, revised edn.(Bristol, 1983) 참조. 키케로의 정치 경력을 시대적 배경하에서 조망한 연구서로는 T. Wiedemann, *Cicero and the End of the Roman Republic*(London, 1994) 참조.

공화정기 예술과 건축에 대한 개관으로는 N. H. Ramage and A. Ramage, *Roman Art: Romulus to Constantine*, 5th edn.(Upper Saddle River, 2009)와 M. Beard and J. Henderson, *Classical Art: From Greece to Rome*(Oxford, 2001) 참조. 로마의 고고학에 관해서는 A. Claridge, *Rome: An Archaeological Guide*(Oxford, 1998) 참조. 아우구스투스 치 하 로마의 물질문화의 변화에 관해서는 P. Zanker, *The Power of Images in the Age of Augustus*(Michigan, 1988) 참조.

### 제8장 로마 공화정 최후의 시기

공화정의 마지막 시기의 극적인 사건들에 관한 개관으로는 D. Shotter, *The Fall of the Roman Republic*, 2nd edn.(London, 2005)과 M. Beard and M. Crawford, *Rome in the Late Republic: Problems and Interpretation*, 2nd edn.(London, 1999) 참조. 좀더 대중적 시각으로 쓰인 개관으로는 T. Holland, *Rubicon: The Triumph and Tragedy of the Roman Republic*(London, 2004) 참조.

로마의 마지막 세대 군사 지도자들의 전기에 관해서는 P. Southern, *Pompey the Great*(Stroud, 2002)와 R. Seager, *Pompey: A Political Biography*, 2nd edn.(Oxford, 2002)와 B. A. Marshall, *Crassus: A Political Biography*(Amsterdam, 1976)와 C. Meier, *Caesar*(London, 1995), 그리고 A. Goldsworthy, *Caesar: The Life of a Colossus*(London, 2007) 참조.

공화정에서 제정으로의 전환에 관해 서술한 R. Syme, *The Roman Revolution*(Oxford, 1939)은 여전히 중요한 읽을거리이다. 또한 K. Raaflaub and M. Toher(eds.), *Between Republic and Empire: Interpretations of Augustus and His Principate*(Berkeley, 1990) 참조.

마지막으로, 가이우스 마리우스와 아우구스투스 사이의 기간을 세심한 부분까지 생생하게 조명하고 있는 저작으로는 콜린 매컬로(Colleen McCullough)의 소설 시리즈인 『로마의 지배자들Masters of Rome』 참조.

### 제9장 로마 공화정의 유산

정치사상 분야에서 로마 공화정의 지속적인 영향에 관해 개관한 저작으로는 F. Millar, *The Roman Republic in Political Thought*(Hanover, 2002) 참조.

성 아우구스티누스의 역사관에 관해서는 R. A. Markus, *Saeculum: History and Society in the Theology of St Augustine,* revised edn.

(Cambridge, 1988), 또한 그의 가장 위대한 작품에 대한 입문서로는 G. O'Daly, *Augustine's City of God: A Reader's Guide* (Oxford, 1999) 참조. 로마와 공화주의에 대한 마키아벨리의 견해를 탐구한 연구서로는 J. A. Pocock, *The Machiavellian Moment: Florentine Political Thought and the Atlantic Republican Tradition* (Princeton, 1975), 그리고 V. Sullivan, *Machiavelli's Three Romes: Religion, Human Liberty, and Politics Reformed* (DeKalb, 1996) 참조. 셰익스피어와 고대 로마의 관계에 관해서는 최근의 연구들이 상당히 많다. 특히 W. Chernaik, *The Myth of Rome in Shakespeare and His Contemporaries* (Cambridge, 2011), 그리고 G. Wills, *Rome and Rhetoric: Shakespeare's Julius Caesar* (New Haven, 2011) 참조.

미합중국의 탄생에서 로마 공화정이 갖는 의미에 관해 논의한 연구서로는 C. J. Richard, *The Founders and the Classics: Greece, Rome, and the American Enlightenment* (Cambridge, 1994), 그리고 M. N. S. Sellers, *American Republicanism: Roman Ideology in the United States Constitution* (New York, 1994) 참조. 로마와 프랑스혁명에 관해서는 R. L. Herbert, *David, Voltaire, 'Brutus' and the French Revolution: An Essay in Art and Politics* (London, 1972)와 L. Althusser, *Politics and History: Montesquieu, Rousseau, Hegel and Marx*, 2nd edn. (London, 1977) 참조. 17세기와 18세기에 로마가 끼친 영향에 관한 개관으로는 E. G. Andrew, *Imperial Republics: Revolution, War and Territorial Expansion from the English Civil War to the French*

*Revolution*(Toronto, 2011) 참조.

19세기 이후 고대 로마에 대한 인식을 탐구한 저서로는 C. Edwards(ed.), *Roman Presences: Receptions of Rome in European Culture, 1789-1945*(Cambridge, 1999)와 P. Bondanella, *The Eternal City: Roman Images in the Modern World*(North Carolina, 1987), 그리고 M. Wyke, *Projecting the Past: Ancient Rome, Cinema and History*(London, 1997) 참조.

## 역자 후기

저자 데이비드 M. 귄은 현재 런던 대학교 로열 할러웨이 칼리지의 역사학과에 부교수(reader)로 재직중인 중견 학자이다. 연구 및 담당강좌는 거의 전적으로 로마 제국 후기에 집중되어 있고, 특히 기독교가 공인된 4세기 초 이후의 교회사가 그의 전문분야이다. 최근 몇 년간 출간된 그의 주요 저서 역시 이 점을 반영한다. 니케아 종교회의(325년)에서 기독교 정통교리로 채택된 '3위일체설'의 핵심 주창자였던 알렉산드리아의 주교 아타나시우스의 전기(2012), 그리고 로마 제국 후기의 기독교 관련 사료집(2014). 그런 의미에서 귄이 로마 공화정에 대한 간편 입문서인 이 책의 저술을 맡은 것은 다소 의외이다. 일견 이 주제와 그의 전문영역 사이에 상당한 거리감이 느껴지기 때문이다. 하지만 역설적이게도 일반 독자를 위한 크고 대범한 설명에는 약간 아마추어 같은 시선이 더 어울릴지도 모른다. 그리고 실제로 이 작은 입문서의 내용은 그런 역설의 기대를 저버리지 않는다. 로마 공화정에 대한 간편 입문서를 이보다 더 잘 쓰기는 어렵다고 생각된다.

로마 공화정의 역사를 쓰려면, 몇 가지의 서술 포인트를 잡아야 한다. 첫째, 공화정이란 무엇인가를 실감나게 설명해야 한다. 다시 말해, 폭압적인 1인 지배체제(즉 왕정)를 무너트린 뒤, 그것이 되살아나지 못하게끔 지배 엘리트(귀족)와 인민이 협력하고 다투면서 어떻게 공화정이라는 통치체제를 만들어냈는지 보여주어야 한다. 그저 이 체제의 주된 요소, 즉 귀족의 자문, 의결기구인 원로원, 인민의 의결기구인 민회, 그리고 두 기구의 결정을 집행하는 행정관들에 대한 개괄로는 설명이 충분하지 않다. 아울러 명목상 귀족과 인민의 공동재산(res publica)인 공화정이 어떻게 실제로는 인민이 소외된 가운데 원로원과 행정관 위주로 작동했는지를 강조해야 한다. 이 작은 입문서는 지면상의 제한에도 불구하고 이 이중의 과제를 정말 경제적으로 수행해내고 있다.

둘째, 이 공화정 체제의 로마가 어떻게 테베레 강변의 작은 도시에서 일약 지중해의 초강대국으로 성장했는지를 설명해야 한다. 이는 동전의 앞뒤와 같은 두 가지 요소, 즉 원로원을 구성한 귀족들의 '영광과 위엄'의 경쟁, 그리고 로마의 거의 맹목적인 제국주의 전쟁을 마치 씨줄과 날줄처럼 잘 엮어서 보기 좋은 직물로 짜내는 일이다. 저자 권은 이 로마 엘리트들의 경쟁적인 정복전쟁의 이야기를 탁월한 솜씨로 그려낸다.

셋째, 로마 공화정에 대한 이야기는 어째서 그 독보적인 체제와 제국주의의 상승작용이 역설적으로 그 체제의 해체요인으로 작용하는지가 변증법으로 마무리되어야 한다. 제국주의 전쟁의 필연적 귀결인 탁월한 군벌과 소외되어온 인민(혹은 군단병)의 결탁이, 마침내 원로원에 근거한 귀족의 과두적 지배(공화정의 실체)를 무너트리고, 다시 공화정이 무너트렸던 1인 지배체제로 되돌아가는 길을 열어놓는다는 점을 예시해야 한다. 그것이 공화정의 일생이며, 공화정의 특성은 이를 통해 한층 더 분명해진다. 권은 이 점을 아주 간결하고 효과적으로 해설하고 있다.

마지막으로 이 책의 또 한 가지 장점을 빼놓을 수 없다. 로마 공화정이 체제의 모델로서 훗날, 즉 근대에 이르기까지 유럽과 미국의 공화국 수립과정에 끼친 영향을 잘 해설하고 있다. 이 점은 공화정의 역사를 주제로 한 기존의 다른 입문서에서는 좀처럼 찾아볼 수 없는 시도이다. 독자는 이 짧은 입문서에서 오늘날의 공화정 및 공화주의에 비추어 로마 공화정을 입체적으로 평가할 수 있는 아주 멋진 전망대를 얻을 수 있다.

역자가 아는 한, 투자(책의 두께) 대비 효용(설명력 혹은 이해도)
이라는 점에서 이 책보다 탁월한 로마 공화정 입문서는 다시
찾아볼 수 없다.

## 더 읽을거리

본서 말미에서 저자가 소개하는 참고문헌은 적절하고 유용하지만, 사료
번역본을 제외하면 한국어 번역본은 두어 종에 불과하다. 사실 학술논문
들을 제외한다면, 로마 공화정에 관한 저서나 번역서 자체가 많지 않은
편이다. 그러므로 각 장별로 더 읽을거리를 소개하기보다는 사료와 단행
본의 두 부분으로 나누어 한국어로 된 참고서적을 소개하는 편이 나을
듯하다.

## 사료

로마 공화정의 주요 인물들에 관해 서술한 동시대 사료로는 플루타르코
스(『플루타르크 영웅전』, 전2권, 홍사중 옮김)가 번역되어 있다. 공화정 후기
의 정치가이자 대표적 문필가였던 키케로의 작품들도 여러 종 번역되어
있다. 『의무론』(허승일 옮김, 서광사), 『법률론』(성염 옮김, 한길사), 『투스쿨
룸 대화』(김남우 옮김, 아카넷), 『국가론』(김창성 옮김, 한길사), 『신들의 본성
에 관하여』(강대진 옮김, 나남) 등에서 키케로의 다양한 면모를 엿볼 수 있
다. 로마 공화정의 최대 권력자였던 카이사르의 저서도 번역되어 있다.
카이사르의 『갈리아 원정기』(천병희 옮김, 숲), 『내전기』(김한영 옮김, 사이)

를 통해 로마군의 원정 과정, 내란의 소용돌이에 휘말린 정치 엘리트들의 생생한 모습을 실감할 수 있다.

## 단행본

로마 공화정과 제국의 전 기간에 걸친 역사에 관해서는 적지 않은 수의 단행본이 출간되어 있다. 그중 비교적 상세한 내용으로 본서의 내용을 보충해줄 수 있는 교과서적 번역서로는 F. 하이켈하임, 『로마사』(김덕수 옮김, 현대지성사)가 있다. 그러나 공화정기를 다루는 본격적인 전문서로는 20세기 로마사의 고전이라 할 수 있는 T. 몸젠, 『몸젠의 로마사』 시리즈(김남우·김동훈·성중모 옮김, 푸른역사)가 있다.

로마 공화정 연구에서 정치와 군대의 문제는 주요한 흥밋거리인 반면, 일반인의 생활 모습에 관한 읽을거리는 한국에 희소한 편이다. 그러나 그러한 책들이 전혀 없는 것은 아니다. J. 카르코피노, 『고대 로마의 일상생활』(류재화 옮김, 우물이있는집)은 로마인들의 생활 모습을 재구성함에 있어 좋은 길잡이 역할을 한다. K. R. 브래들리, 『로마 제국의 노예와 주인: 사회적 통제에 관한 연구』(차전환 역, 신서원)은 로마 노예제의 실상을 보여준다.

로마의 정복전쟁 과정 자체만을 다룬 연구서는 단행본으로 저술 혹은 번역되어 있지 않다. 한편 로마 최대의 적이었던 한니발에 관해서는 P. 지라르, 『명장 한니발 이야기』(전3권, 전미연 옮김, 한길사)가 충분한 분량으로 이야기를 전해준다. 또 한니발이 거둔 최대의 승리에 관해 M. 힐리, 『BC 216: 카르타고의 명장 한니발, 로마군을 격멸하다』(정은비 옮김, 플래닛미디어)가 정보를 제공한다. 궁극적으로 한니발에게 승리한 로마의 장군에 관해서는 B. H. 리델 하트, 『스키피오 아프리카누스』(박성식 옮김, 마니아북스)가 그 인물의 위대함을 잘 보여준다. 그 밖의 로마의 전쟁 영웅들에 관해서는 A. 골즈워디, 『로마 전쟁 영웅사』(강유리 옮김, 말글빛냄)에 로마의 여러 장군들의 승리와 업적이 잘 설명되어 있다. 동·서 지중해의 주요 지역을 정복한 이후 로마 사회의 변화와 혼란에 관해서는 P. A. 브런트, 『로마사회사』(허승일 옮김, 탐구당)가 설명하고 있다.

기원전 1세기는 사회 혼란과 내란의 시기였고, 궁극적으로 공화정이 붕괴되고 제정으로 전환된 시기이다. 그런 만큼 정치적·군사적 거물들이 등장한다. 이 시기는 지속적으로 많은 이들의 관심과 흥미를 자아내고 있으며, 당연히 읽을거리가 가장 풍부하다. 사회적 혼란 속에서 로마를 뒤흔든 노예반란의 주인공 스파르타쿠스에 관련해서는 다음 두 종의 번역서를 참조할 수 있다. M. J. 트로우, 『신화가 된 노예: 스파르타쿠스』(진성록 옮김, 부글북스), 그리고 B. 스트라우스, 『스파르타쿠스 전쟁』(최파일 옮김, 글항아리). 한편 A. 에버렛, 『로마의 전설, 키케로』(김복미 옮김, 서해문집)는 정치가로서 키케로의 격동적 생애를 재구성하려 한 시도이다. 카이사르라는 인물과 그의 군사·정치 활동에 관해서는 A. 골즈워디, 『가이우스 율리우스 카이사르』(백석윤 옮김, 루비박스)가 상세하게 분석하고 있다.

공화정 붕괴와 제정으로 이어지는 전환기에 관해서는 본서에서도 추천되고 있는 R. 사임, 『로마혁명사』(전2권, 허승일·김덕수 옮김, 한길사)가 자세한 분석을 제시한다. 또한 T. 홀랜드, 『공화국의 몰락』(김병화 옮김, 웅진)도 이 시기를 설득력 있게 탐구하고 있다. 무엇보다 가이우스 마리우스에서 아우구스투스 황제 등장까지의 시기를 소설의 형식을 빌려 그 어느 역사서보다 세세하고 정치하게 복원하는 데 성공한 콜린 매컬로, 『로마의 지배자들』(교유서가. 근간)은 매력적인 작품으로, 본서의 저자 또한 참고서적으로 추천하고 있다.

근대 이후 저술가들의 작품 속에 나타난 로마의 이미지에 관해서는 다음의 책들을 참조할 수 있다. 셰익스피어, 『코리올라누스』(신정옥 옮김. 전예원)는 로마 초기사의 영웅 코리올라누스를 그리고 있다. N. 마키아벨리, 『로마사논고』(강정인 · 안선재 옮김. 한길사)를 통해 마키아벨리가 인식하던 로마의 이미지를 알 수 있다.

# 도판 목록

# 지도 목록

# 로마 공화정
**THE ROMAN REPUBLIC**

**초판 인쇄** 2015년 6월 30일
**초판 발행** 2015년 7월 10일

**지은이** 데이비드 M. 귄
**옮긴이** 신미숙
**펴낸이** 강병선
**편집인** 신정민

**편집** 최연희 박기효
**디자인** 강혜림
**저작권** 한문숙 박혜연 김지영
**마케팅** 방미연 최향모 유재경
**홍보** 김희숙 김상만 한수진 이천희
**제작** 강신은 김동욱 임현식

**제작처** 한영문화사(인쇄) 한영제책사(제본)
**펴낸곳** (주)문학동네
**출판등록** 1993년 10월 22일
            제406-2003-000045호
**임프린트** 교유서가
**주소** 413-120 경기도 파주시 회동길 210
**문의전화** 031)955-1935(마케팅)
            031)955-2692(편집)
**팩스** 031)955-8855
**전자우편** gyoyuseoga@naver.com
**ISBN** 978-89-546-3681-0 03920

• 이 도서의 국립중앙도서관 출판예정도서목록(CIP)은
  서지정보유통지원시스템 홈페이지(http://seoji.nl.go.kr)와
  국가자료공동목록시스템(http://www.nl.go.kr/kolisnet)에서 이용하실 수 있습니다.
  (CIP제어번호: CIP2015016880)